JN088831

先生の時間はどこへ消えた？

～仕事の時短仕分け術～

梶谷希美・石川和男

学芸みらい社

はじめに――やること山積み。「残業減らせ!」のジレンマの中で

こんにちは。みかん先生と申します。

なぜ、みかん先生というヘンテコな名前で活動をしているかというと……。公立小学校で先生として働いて10年目を過ぎたとき、「子どもたちとのやりとりを記録に残したい」と思ったのがきっかけでした。それから、日々クラスで起こることや、自分の考えをブログに書き綴っていきました。飼っている愛犬の名前「みかん」を拝借した「みかん先生」というペンネームで、ひっそりと書いていくうちに、読んでくださった方からたくさんのメッセージをいただくようになりました。

「みかん先生のクラスようにな、学級をつくりたいです」「ブログから、たくさんのヒントをもらっています!」

私は、先生というお仕事が大好きです。子どもたちと一緒に丁寧に紡いでいく毎日が本

当に楽しく、こんなにやりがいのある仕事が他にあるだろうかと感じます。その一方で、疑問に感じていることもたくさんあります。

子どもたちのためにと時間をつかい、残業を繰り返し、それでも時間は足りなくて、苦しんでいる先生方をたくさん見てきました。時間をかけても「これでOK！」という瞬間が来ないのです。こんなにもがんばっている先生方がたくさんいるのに、学級崩壊と呼ばれるようなクラスは増えるばかり……。心を病んで退職する先生は後を絶ちません。2019年度に心疾患が原因で休職した公立学校の教職員は、全国で5，000人を超え、過去最多を記録しています。

「学校教育の現状を多くの人に伝えたい」「先生たちがしあわせに働くことができるお手伝いをしたい」その想いで出場した、プレゼンコンクールの会場で出会ったのが、本書のもう1人の著者である、時間管理コンサルタントの石川和男先生でした。「教育をよりよくしていくために、僕も何かしたいと思っているんだ」と優しく声をかけてくださったのです。石川先生は、忙しい中、私が学校で日々感じていることについて耳を傾けてくださいました。

先生たちの時間を取り戻したい。そして、先生たちが本当にやりがいを感じながら楽しくお仕事ができる環境をつくっていきたい。その想いから、この1冊が生まれました。

1日に使える時間は限られています。時間に追われるのはなく、どのように時間をつかうかを自分でコントロールできるようになったとき、先生たちの心はもっと楽になります。
そして、先生方が「未来のために」「子どもたちのために」「ご自分のために」時間を使えるようになることが、学校教育をもっともっとハッピーにしていくことに繋がっていきます。本書の中から、1つでもヒントを得ていただけたら、うれしいです。

みかん先生（梶谷希美）

もくじ

CHAPTER 1

「やらないこと」の優先順位を決める。すべてはコスト

教師に課される事務作業は果てしなく多い。

宿題やノート、プリントなどのチェック、テストの丸つけはもちろん、それ以外にも様々な事務作業が日々教師を襲ってきます。

これらすべてに真面目に取り組んでいては、時間はいくらあっても足りません。

ここでは、私が教師時代にやっていたことの一部をご紹介していこうと思います。

1 なぜか季節ごとに変える掲示板

みかん先生のポイント！
・かける時間と費用対効果を考える。
・子どもたちに管理を任せてみる。人はただ与えられるものに、大して興味を抱きません。

学校には、やたらと掲示板が多く存在します。窓以外の壁のほとんどが掲示板になっているのではないかと思うくらい、壁面全体が掲示板で覆われています。子どもたちの作品を掲示するには最適なつくりではありますが、この掲示板を教育的価値の高いものに保ち続けることが教師の仕事のひとつになってしまっています。

この果てしなく広い掲示板スペースを、年度の初めにクラスごとや学年、教科担当、委員会、クラブごとで振り分け、1年間担当になった教師が管理をしていきます。

行事に関連する何かしらの掲示物を作成したり、学習している内容を掲示したり、子どもたちの作品を紹介したり……。見栄えよく、少しでも教育的意義を高めるように掲示物を作成し、掲示しなければいけません。

この掲示板、つくり変えなければならないタイミングが何度もやってきます。

①季節の変わり目

「季節感は掲示板になくてはならないもの」という日本ならではの風習が根強く蔓延っています。春＝入学式っぽさ、夏＝プールっぽさ、秋＝運動会っぽさ、冬＝クリスマスや正月っぽさ……からの、また巡って春＝卒業式っぽさみたいなものを掲示板から醸し出さなければなりません。

②保護者が学校を来校するタイミング

保護者が多く来校する懇談会、学校公開、大きな行事などのタイミングで、掲示されている子どもの作品が前回と同じであってはいけないという暗黙の了解があります。

③教育委員会が来校するタイミング

教育委員会が来校する前に「掲示物を美しく整えるように」との指示が管理職の先生からでます。自分の担当の掲示板は、不備がないよう整える必要があります。

④年度終わりと始まり

1年ごとで大きな区切りを迎える学校のシステム。年度終わりには大量の掲示物をはがす仕事が毎年巡ってきます。そして、4月になると、新しく担当になった掲示板の掲示物づくりに追われるのです。

少しでも子どもたちに役立つようにと、先生たちは工夫を凝らします。学習内容をクイズにして子どもたちが参加できるようにしたり、行事にちなんだ○○コーナーを作成したり……。特に入学式前や卒業式前は、華やかに廊下を飾り、1年生を迎えるためのメッセージや6年生を送るための掲示物をつくるのが通年のお仕事。先生方と協力しながら行う掲示物づくりは、楽しいときもたくさんありました。おかげで、私の切り絵技術はかなり磨かれました(笑)。

そうはいっても、疑問を感じました。1つの掲示スペースを仕上げるのに少なくとも1時間以上、凝りようによってはかなりの時間がかかります。年度始まりや年度終わりは掲示物関係だけで1日を費やすことも少なくありません。そんな中つくられた掲示板を、子どもたちはどれだけ見ているのでしょうか。実際に子どもたちに聞いてみると、どんな掲示物が貼られているのかさえ、わからないと答える子どもが過半数をはるかに超えます。

掲示板で季節感を味わえたり、クイズに参加できたりすることが無駄だとは思いません。四季を味わうことは日本人の醍醐味ですし、子どもたちの日々の生活の中に楽しさをプラスするものだとも思います。しかし、私たち教師がつかえる時間は有限です。

そこで私は、掲示物にかける時間を最小限にするために、季節ごとに変えなければいけないような掲示をすることをやめて、子どもたちの作品を掲示する際には、子どもたちの力を借りることにしました。
学年や委員会の掲示板についても、**教師が管理するのではなく、子どもたちと一緒に考えて管理する**ように変えていきました。

時間を取り戻す、しあわせのサイクル

こうすることで、掲示板自体への子どもたちの関心の度合いも変わっていきました。人はただ与えられてそこに存在する物に、たいして興味を抱きません。自分がその作成に携わったものに対して愛着を抱き、関心を広げます。さらに、大人が考えるものより、子どもたちが考えるものの方がずっと創造性に富んでいて、すばらしいものができることが多いのです。

小学生には無理なんじゃないかな？
遊ぶ時間を奪っちゃかわいそうかな？
私がやった方がきれいにできるし……
怪我でもされたら大変……

そんな声が聞こえてきそうですね。私も最初はそうでした。思いきって、子どもたちに任せてみてください。もちろん、安全面はしっかりと気を配った上で。

「みんななら出来ると思うから、これ、任せてもいいかな？」

「わぁ!!　ありがとう!!　先生がやるよりもずっと素敵だ!!　みんなはすごいね!!」

信頼される↓任される↓役に立つ↓感謝される。このサイクルを様々な場面で生み出すことが、子どもたちの成長を促進させ、消えてしまった先生の時間を取り戻す大きな鍵となります。

石川先生の
時間管理術

任せられると人は喜ぶ

リーダーのもっとも重要な仕事の1つ。それは部下を一人前に育て上げること。そのためには部下に仕事を任せなければなりません。失敗と成功を繰り返しながらでしか部下は成長しないからです。ところが部下に仕事を任せないリーダーも多くいます。

たとえば有能な部下が就いた場合。自分の仕事がなくなる。部下が成長して自分を追い抜かれるのが心配、などの理由。

逆に仕事ができない部下が就いた場合。任せてミスされるのが心配。自分でやったほうが早いなどの理由。

結局、仕事が遅いリーダーは、どんな部下が就いても仕事を任せず1人で抱え込み、何から何まで自分でやろうとするため時間もかかり、仕事が遅くなってしまうのです。

私が最初に入社した会社。まったく仕事を任せてもらえず、5時の終業チャイムが鳴るまで、ひたすらデスクに座っているだけでした。

私は出社したらメモ紙に「28、800」という数字を書いていました。

この数字、何だかわかりますか？

9時から5時までの就業時間を秒数で表したものです。つまり「8時間×60分×60秒」が「28、800」なのです。10分経ったら600減らし、30分経ったら1、800減らす。終業までのカウントダウン。やることがないので、そんなことをして時間を潰していました。

マザー・テレサが「愛の反対は憎しみではなく無関心」と言ったのは有名な話ですが、仕事を任せないのも「あなたに無関心。必要ないですよ」と言っているのと同じです。

翌年、北海道の本社から埼玉支店に転勤。そこでは先輩たちから、帳簿の作成、申告業務、商談、どんどん仕事を任されました。わからなくて悩む日々、お客様からのクレーム、残業や休日出勤。しかし、任せられた喜び、仲間に加えてもらえた高揚感、一人前として認めてくれたこと、**なにより一緒に仕事をする充実感**で、暇だった本社勤務の何十倍、何百倍も楽しく過ごすことができました。

みかん先生の言う通り、人は与えられたものに興味を抱きません。自分が作成に携わったものに愛着を抱き、感心を深めます。

掲示板の作成も、先生が1人で抱え込む必要はありません。子どもたちに任せることで、子ども自身、大人（先生）と一緒に作成する喜びに包まれるのではないでしょうか？

2

なぜ減らない？ 膨大な印刷物

みかん先生のポイント！
・印刷する前に考える。
・不要な印刷のために膨大な時間が消えている。
・印刷機が動いている時間も有効に。

教師が学校を諸事情で3日程お休みしたとしましょう。

出勤して職員室に入り、まず目に飛び込んでくるのは何でしょうか――。

配付されたプリントや書類の山となった自分の机ではないでしょうか。


日報、週報、提案文書、職員会議の書類、その他所属している分掌の資料……。

3日休むと、もはやどれがいつの何のための書類かわからなくなるほどの山ができます。

それほど、教師の仕事は膨大な印刷物と隣り合わせで成り立っているのです。

紙媒体で共有しているため、文書に誤りがあると、修正版が出されます。

『最新版の訂正版の修正版』みたいなものが積み重なると、もうどれが最新の資料なのかもわからなくなることも少なくありません。教師一人ひとりに校務用ＰＣが支給されてからも、この状態はあまり改善されませんでした。その大きな理由は、紙で配らないと見ない人が多くいて困るから……、今まで印刷していたものだから……、印刷しておけば安心だから……。この負の連鎖をどこかで断ち切らなければ、印刷のために膨大な時間が消えていくばかりになってしまいます。印刷と時間は必ずしも繋がらないのでは？　と思われる方もいらっしゃるかもしれません。でも、私は自信をもってこう言えます。

印刷は時間ドロボーです。紙は予算です。

校務用ＰＣで資料を作成した時点で、資料の共有は出来る状態になっています。校務用ＰＣを開いて一人ひとりがアクセスすれば、その資料は見られるのです。にも関わらず、印刷するということは……

①プリンターで原本を印刷する。（このプリンターが壊れていて、ここで時間が奪われることも！）
②印刷機で全職員分40部ほどを印刷する。
③2枚以上ならばホチキスで止める。
④それを先生方一人ひとりの机に配付する。

⑤そこに個人情報が含まれる場合は、会議後に回収してシュレッダーをかける。

①～⑤までをこなすだけで、30分ほどかかります。

30分もあれば、他にできることがたくさんあるはずです。印刷する部数が多ければ多いほど、ここにかかる時間は増えていきます。また、月1回の職員会議の資料はだいたい50ページほどの綴りになります。この綴りづくりを毎月するわけです（先程も書きましたが、校務用PCで資料を作成した時点で、資料の共有は出来る状態になっています）。

それ以外にも、年間指導計画やら研究授業の資料やら、入学説明書類やら、綴りづくりは定期的に度々やってくる共同作業。「手が空いている先生方、会議室で資料作成のお手伝いをお願いします」と声がかかれば、動かないわけにはいきません。長机4つほどにダーッと資料を並べて、順に資料をとっていき、整えてホチキスで止める作業をみんなで30分ほどかけてやるのです。30分×20人分＝600分ほどの仕事量に値する時間です。もう一度言います。**印刷しなくても、情報の共有はできる**のです。

例年通りの落とし穴

さらには、修学旅行などの大きな行事のしおりも30ページほどになる大作です。このしおりづくりのために、かなりの時間が費やされます。

――私はずっと疑問でした。全学年分の部屋割り、グループメンバー表を子どもたち全員に配る必要があるだろうか？　他のクラスの部屋割りを知る必要がどのくらいあるのか。この簡略化した日程と細かい日程は両方載せる必要があるのだろうか。

内容をもっと精選すれば、半分くらいにはできるのではないか。「例年通り」にすることは、一見楽に見えます。何かを削ることを提案することは、「子どもたちのためになることをサボる」ことのように捉えられる恐れもあり、言い出しにくいのが教師の世界です。でも、本当に子どもたちのことを考えるのであれば、そのことで失われ続けている時間の貴重さに向き合わなければいけないのではないでしょうか。

私は、教師を退職し、様々な方たちと一緒にお仕事をさせていただく中で、自分自身のデータ共有の知識と経験のなさに愕然としました。googleドキュメントやスラック、LINEやメッセンジャーをつかって、多くの情報を共有しながらリモートでも各々の仕事が効率よく進んでいきます。共有しなければいけない情報を見ていない場合は自己責任です。そこで困って初めて、自ら情報にアクセスしてチェックする責任感が生まれます。

教師は、未来を担う子どもたちを導く存在です。データで多くの情報を共有・管理できるようになった今、これらを使用しないのは、時間だけではなく資源をも無駄にし、自らを時代遅れな存在に貶めている罪深い行為だと感じました。

次の2つに、勇気をもって取り組める仲間を増やしていきませんか？

①データで共有できる情報を印刷することにNO！

②本当に必要な資料なのか、精選して印刷物を最小限に抑える！

その上で、印刷時間についても有効活用することをお勧めします。

私は、子どもたちのプリントを印刷する際には、できるだけまとめていくつかを一気に印刷するようにしていました。さらに、印刷機がお仕事をしてくれている間、国語や算数などの教科書を持ち込んで、次の授業の構想を練る時間に当てていました。

印刷にかかる時間も、大切な活用時間になり得るのです。

石川先生の
時間管理術

本来の目的に集中できる環境を！

「もっとも強い者が生き残るのではなく、もっとも賢い者が生き延びるのでもない。唯一生き残ることができるのは、変化できる者である」（ダーウィン）

終身雇用・年功序列の崩壊、少子高齢化、AI時代、そして、コロナ禍……。とんでもないスピードで世界は変わっています。

現状維持の考えでいると、現状は維持できません。

現状維持に待っているものは、衰退のみです。

たとえば、ペーパーレス化。とんでもないスピードで、電子化され印刷物はなくなっています。大きな理由はコスト削減です。社員が多いほど用紙代、インク代などの経費がかかります。もっと重大なのが人件費です。印刷物が増えれば、それを並べ、揃え、ホチキス止めをするという無駄な作業が加わります。みかん先生の言う通り、仮に30分の作業を20人で行ったら、チームで600分（10時間）の損失です。人件費のみならず、その時間でほかの重要な仕事に注力することができたのです。

実際、印刷物の多さに悩まれている先生も多いと思います。

私は、大手専門学校で簿記の講師をしていました。簿記の合格を目指して通う受講生たち。当時、印刷物が増え続け、印刷する時間、コピー機の順番待ち、並べる時間、そして、授業中に配る時間など、どんどんと時間が奪われていきました。

印刷物の配布が多すぎて、配り忘れた配布物がないか気になります。突然、参加する生徒もいます。用意した枚数が不足しパニックになります。6階の教室から2階にある職員室まで階段を駆け下り、足りなかった1、2名分の印刷物をコピーして6階まで駆け戻る。その間は自習です。

本来、講師の目的は、受講生の合格。その手助けをすることです。合格してもらうためにつくりだした印刷物ですが、逆に「資格試験合格！」という目的に集中できなくなりました。

先生ならば、膨大な印刷物にかかわる時間を減らし、子どもたちの成長を手助けすることに時間をつかいたいと考えていると思います。

トップが音頭をとらないと一気に変えることは、難しいかもしれません。徐々にでも、1つずつでも、賛同する先生たちを増やし、印刷物を減らす提案をし続け、子どもたちとの大切な時間を取り戻してください。

3 やるべき書類と適当書類

みかん先生のポイント！

・書類を作成しているときに違和感を感じたら、それはサイン。
・作成してみて、削れると思った部分は「適当」にする。適当はちょうど良い。

日々、たくさんの書類づくりに追われる先生たち。

様々な書類を作成する中で、ふと、こう感じたことはありませんか。

「あれ？　これ、一体なんのためにつくっているのだろう？」

試しにと、私は疑問をもった書類作成にかける時間を極端に減らしてみるようにしました。つまり、適当につくってみたのです（笑）。すると……ほとんどの場合、誰からも何も言われませんでした。つまり、たいして誰も見ていないのです。


たとえば、授業時数記録。これは、各教科を月に何時間ずつやったのか、すべての教科の時数をカウントするものです。そして、年間指導計画の必要時数と比較して、過不足がどうなっているのかを毎月管理職に提出するのです。

始めのうちは、なるべく正確な値が算出できるようにカウントして提出していました。元々数字に関することが苦手な私には、なかなかストレスがかかる作業です。それでも、「この日の国語は1時間でいいのか、いや、1・5時間か……」といったように1日1日時数を数えてExcelに打ち込み、毎月末に提出していたのです。そんなある日、気づきました。「ここが1時間だろうが1・5時間だろうが、たいした問題じゃない」

違和感はサイン

授業時数記録のシステムがなくなればいいとは思いません。どの授業をどれくらいやっているかの目安を自分で把握しておくことは大事です。管理職としても教育委員会としても、必要な時間数がただしく行われているかチェックすることも必要でしょう。

しかし、**重要なことは決められている時間数にどれだけ近づけられるかを考えることではなく、なるべく理想に近い時間数でどれだけ質の高い授業を子どもたちに提供できるか**です。つまり、「どの教科が多くなってしまっていて、どの教科が少なくなってしまっているか」がだいたいわかればいいのです。

すべての単元や教科書の範囲を網羅して進めていれば、びっくりするほど基準時数を逸脱することは基本的にあり得ません。

また、実際行われた授業時数と報告書の時数が数時間ズレていても、誰も確認のしようがありません。つまり、バレようがないのです。これに気づいてから、ふっと気持ちが楽になりました。そして、**時数の誤差よりも、子どもたちの成長に関わることに時間をかけよう**と割り切れるようになったのです。私は授業時数のつけ方をガラリと変えました。

①学校全体の行事や学年で動いた時数を記録。

②専科の先生にもっていただいていた時数を数えて入力。

③ざっと自分の記録を見返して、基準時数と見比べながら、帳尻が合うように適当に数字を入れていく。「国語は多めだったなぁ。今月は社会が少なめだった」というように。

これで終わりです。時間は5分もかかりません。このやり方に変えてから、誰かから何かを言われたことは一度もありません。そして、困ったことも一切ありません。

このような適当でよい書類の類は、学校には山ほどあります。

形式的なものが必要だったり、一度つくられたものが慣習で残りやすかったりするのが学校のシステムだからなのでしょう。書類を作成しているときに違和感を感じたら、それはサインかもしれません。これは、子どもたちの活動や成長にどう関わっているのか？

これを適当にすることで、どんな不具合が生じるのか？

私は、まず作成してみて、見守って、削れると思った部分はどんどん適当にしていました。ほとんど誰にも知られていないキャンペーンの報告書、形骸化している行事の資料、機能していない校務分掌の計画書……挙げればきりがありません。こういった書類を作成するときは、便利なコピー&ペーストを多用して、なるべく短時間で作業を終わらせるようにしていました。

なぜならば、時間は有限だからです。何もかもを完璧にしようとすると、キリがありません。**適当でいい書類は適当に気持ちよく済ませていい**のです。こんな書類が何のためになるんだ！　と腹を立てていた時期もありました。でも、そんなことに愚痴を言っている時間も無駄だと気づきました。

一教師が立ち上がって書類の提出をなくしたり、システムを変えたりするにはかなりの時間と労力を要します。誰もがみな、行動を起こせるならば、教師の世界は今のような状況になっていません。与えられた環境の中で自分の軸をもち、仕事に軽重をつけていくことで、子どもたちの成長のためにつかえる時間を自分で捻出することができます。そうすれば、よりポジティブに事務処理にも向き合うことができるのです。

石川先生の
時間管理術

慣習を捨てる!

みかん先生が、何のためにつくっているか疑問に思った書類を適当につくったら、誰からも何も言われなかった話がありました。

私も似たような経験があります。今から17年前。私が転職した建設会社では、「原価計算報告書」という書類を会計ソフトで出力したあと、エクセルに打ち直し、カラーで出力して役員に回覧していました。

「なんて無駄な作業を……」と思った私は、半年後、その業務の担当になったのを機に、会計ソフトから出力されたそのままの書類を役員に回覧しました。1カ月、2カ月、3カ月……文句を言ってくる役員はゼロでした。

よくよく聞くと、以前、事務員が時間を持て余していた時代にはじめた慣習が、多忙になったあとも残っていただけの「やらなくてもよい業務」だったのです。

「お客様見込み情報」という見込み客の、「代表取締役の氏名」「資本金」「営業品目」などを記入したファイルもありました。

私が「その会社のホームページをプリントアウトしてファイリングし、正式にお客様になったら、必要な情報を書き込めばよいのでは？」と提案したら、すぐに採用されました。聞けば、ネット環境が整っていなかった時代からの慣習で、ずっと続けていただけだったそうです。

学校で行われる身体測定。

2015年に廃止されるまで70年も続いた「無駄な検査項目」がありましたよね。

それは、「座高の測定」。

たしかに当初は、「内臓の発育などを確認するため。戦後、上半身と下半身の長さのバランスを見ることで子供の発育状態を測定し、学校に配備する机や椅子の高さを決めるのにも役立つ」（文部科学省）として続けられていました。

しかし、今となっては、なんの意味があるのか？　誰も疑問に思わず、イスに浅く座って座高を低く見せる学生と検査員との不毛な戦いが、70年も続いていたのです（笑）。

「原価計算報告書」「お客様見込み情報」そして、「座高の測定」。

誰も無駄だと思ってやってはいません。無駄だと気づかないからやっているんです。

では、この無駄な作業にどうしたら気がつき、やめることができるのか？

その方法は、4節「無駄な慣習を見つける、5つの方法」で見ていきます。

「4」 見極めが大事。誰も見ない書類たち

みかん先生のポイント!
・当たり前に作成している書類の行く末を考える。
・その書類、本来の目的を果たしているのか?
・誰も見ない書類たちとの、付き合い方を明確にする。

引き続き、〝結構な時間を費やすのに誰も見ない書類たち〟をご紹介したいと思います。

ここでお話しするのは、日本全国の学校が毎年膨大な時間をかけて取り組んでいる、「もうやめませんか?」と私が考える、3大巨頭と思われる書類たちです。

①年間指導計画
年度末にドサッと降りてくる、年間指導計画の作成作業。

今年受け持った学年や校務分掌、部会の次年度の年間計画を修正調整して提出するものです。特に大変なのが、各教科の年間指導計画の作成です。教育委員会から送られてきたものを、学校の事情や時数に合わせて組み換え調整するのです。教育委員会からの指示に従って、必要な事項が漏れなく入るように、修正を加えます。

学年で教科を分担し、指示に従って調整修正を加えたものを「令和〇年度年間指導計画」という冊子にまとめるのですが……。これ、実際にその年度になって見ることはまずありません。私たちが授業を進めていく際に見るのは教科書の指導書です。そこに必要事項は書かれているので、年間指導計画に立ち返る必要性がありません。わからないことがあると、昨年度その学年を担当していた先生に聞けば解決します。昨年度も参考にされていなかった年間指導計画に頼るよりも、そちらの方が正確な情報が手に入るからです。

では、一体何のために時間をかけて作成し、印刷して冊子にしているのか、私には理解できませんでした。「文科省もしくは教育委員会の方々がつくってくださったものを、参考資料として誰でも見られるフォルダに保存しておく」で問題ないのではないでしょうか。

②指導要録

教師ではない方で、この指導要録の存在を知っている方はどのくらいいるのでしょう。おそらくほとんどの方がご存じないのではないかと思います。なぜならば、この指導要録が本人や保護者の目に触れることは、通常ないものだからです。この指導要録も、年度末に先生方にドサッと降りかかる大きな仕事の1つです。

指導要録とは、日本の学校において、幼児・児童・生徒・学生の学籍並びに指導の過程及び結果の要約を記録し、その後の指導及び外部に対する証明等に役立たせるための原簿となるもので、非常に重要な書類に位置づけられています。

3学期間の通知表の成績をもとに、1年間の成績、学習や生活の様子、その他必要事項を書き、印刷して学年ごとに分厚い冊子にして耐火金庫に大切に保存します。児童生徒が進学したり転学したりする際には、進学や転学先の学校へ、この指導要録の写しや抄本を送付することになっています。また、この学籍部分については卒業後20年間保存、その他の部分については5年間の保存が義務付けられている書類です。

一昔前の全部手書きで作成していたころに比べたら、電子化されてかなり仕事がしやすくなりました。指導要録の作成にあたり、私が行っていた作業は、以下の通りです（もちろん、適当書類の部類に入れていました）。

・通知表の文面をコピー＆ペースト。
・制限文字数に合うように、文章を選択。約半分を削除。
・文末を敬体から常体に修正（通知表はですます形式↓指導要録は～だ～である形式）。
・これを各項目で繰り返す。

所要時間は全部で6時間ほどでしょうか……。ちょっとそんなテキトーな！　と怒られた方、すみません！　でも、正直に申し上げて、新しいクラスを受け持って、この指導要録にじっくりと目を通している先生を見たことがありますか？　私は見たことがありません。私はこの指導要録の他に、引き継ぎのための資料を用意しており、問題行動や、具体的な成績についての情報は他の資料でやりとりをしているからです。

この指導要録を見ても、あまり参考にならないのが正直なところです。通知表からコピー＆ペーストするようになってからは、その傾向が顕著になりました。教師は、通知表の所見欄には当たり障りのないことしか書けません。そのコピペをじっくり読んでも、児童生徒の様子は見えてこないのです。

つまり、この指導要録をじっくり読む人はいません。もちろん、印刷する前に学年で誤字脱字などをチェックする際には読みます。教育委員会の方がチェックするときにはざっと目を通しているのでしょう。でも、それは本来の目的ではないはずです。

〝その後の指導及び外部に対する証明等に役立たせるための原簿〟としての役割は果たしていないと言ってよいのではないでしょうか。

この指導要録の作成に先生方がかける時間は膨大です。作成はもちろん、チェック、印刷、必要部分のハンコ押し、綴じ込み。新年度には、新しいクラスに並べ替えるためにいったんバラバラにして綴じ込み直します。さらに、卒業時には抄本として間違いない旨の印鑑を押した上ですべてのコピーを取り、進学先に送付します。

目的を果たしていない書類にそれだけの時間をかけているのです。通知表のデータは校務用端末に入っています。そのデータを蓄積していくのでよいのではないでしょうか。

③健康診断表

子どもたちの健康診断後の結果を正式な書類に仕上げるのも、先生の仕事です。多項目にわたる健康診断の結果を書き写し、「副鼻腔炎」だの「アレルギー性鼻炎」だのというハンコを間違えないように押していきます。ハンコは10種類以上！　これを鮮やかにつかいこなせるようになります。歯科検診においては定規をつかって清書をし、歯の数を数えて記入する。これらを全員分終えるのに4時間ほどかかります（夏休み中のお仕事にしている方が多かったように思います）。これを本人や保護者が目にすることは基本ありません。学校に保管され、進学先に引き継がれるものです。

データ化している学校が多いという記事を目にしたので詳しくは書きませんが、先生たちの時間は有限です。一刻も早くこの書類作成から先生方が解放され、時間をかけるべきところ、かけたいところにつかえる環境になることを願います。

石川先生の
時間管理術

無駄な慣習を見つける、5つの方法

無駄な慣習をやめれば、仕事は劇的に速くなります。

現代経営学の父、P・ドラッカーも、「手っ取り早く、しかもおそらく最も効果的に知識労働の生産性を向上させる方法は、仕事を定義し直すことである。特に、行う必要のない仕事をやめることである」と説いています。

オバマ元大統領、ザッカーバーグ、故スティーブジョブスなどは「服を選ぶ時間」すら、自分の時間から省いています。

しかし、前節でもお伝えしたように、誰も無駄だと思って無駄なことを続けているわけではありません。気がつかないから続けているのです。

では、どうしたら気づき、改善できるのか。有効な方法は次の5つです。

1　ビジネス書を読む

時間術、教育学、コミュニケーション術など、課題解決には最高のパートナーです。

2　セミナーに参加する

各分野の専門家であるセミナー講師から、直接聞き、疑問点は質問することもできま

す。

3 異業種交流会、同業他社と意見交換会に参加する

私も可能な限り、参加しています。各社で、違った方法で時間効率や残業削減の取り組みをしており、情報交換することで互いの会社にメリットがあります。

4 異動で赴任してきた先生の意見に耳を傾ける

異動してきた先生は、異動先の良い点も悪い点もよく見えます。しかし、私もそうでしたが、着任早々、反感を恐れて、なかなか自分からは改善方法を指摘できません。こちらから以前の学校との違いを聞いてみましょう。

5 新人の話を否定しないで聞く

新人の先生は、ベテランの先生には見えなくなった慣習を見つけ出してくれます。常識がないと思う話をすることもありますが、否定せずに話を聞きましょう。ペーパーレスや無駄な書類、会議の無駄などの指摘も否定しないで聴くことによって、先生の時間を取り戻すほどの劇的な意見が出てくるかもしれません。

「やらないこと」を見つけるのが、もっとも賢い時間術。今まで行ってきた1時間の仕事をやめたら、新たに1時間の時間がつくれるのです。

5 ハンコ文化もハイブリットへ

みかん先生のポイント!
・押す前に考える。本当にハンコは便利でしょうか?
・ハンコ以外の選択肢を広げる。まずはデータとハンコのハイブリットから。

先生にとって、ハンコのインクは必需品です。教室に1つ、職員室に1つは持っていないと不便します。書類にチェックをもらうときは、まず印刷し、次に『順に見てもらったときに印鑑を押してもらうための枠のハンコ』を押し、それを、学年主任↓教務主任↓教頭先生↓校長先生といったように印鑑を押してもらう形で回していきます。教育委員会から資料が来て、それが職員全員に広めたほうがよい内容ならば、「写し」という意味になる『ハンコ』を押し、全員分印刷して配付します。

前述した〝誰も見ない書類たち〟の代表格、指導要録や健康診断表にも『ハンコ』は必須です。健康診断表に至っては、ハンコBOXいっぱいに詰まった十数種類のハンコたちをつかい分け、仕上げることになります。

健康観察カードや出席簿、成長記録表など、子どもたちのゴム印を押して作成する書類はまだまだ多く……。クラスの子どもたち全員分のゴム印をいかに速く間違いなくまっすぐ押せるかという技術に関していえば、かなり胸を張れる職業なのではないかと思います。紙媒体で保存・閲覧・共有する書類が山ほどあるため、後から情報をつけ足す際に、手書きは大変↓ハンコの作成となるのでしょう。

さらにやっかいなのは、日頃からハンコに慣れ親しみ、日々ハンコの恩恵にあずかっているためか、「PCで作成するよりもハンコの方が便利」という考えが根強いことです。私自身も強くその傾向をもっており、外の世界に出てみてびっくりしました。

意識改革はハイブリットから

子どもたちのクラブや委員会の名簿作成、テストの点数記入表、席順、宿泊学習のグループ名簿、運動会の走順表、学年を超えた異学年交流の活動表……。ありとあらゆる場面でハンコが登場します。ハンコの方が便利だからという理由で。

その結果、それらの記録はデータ上に残っていないことがほとんどです。そりゃそうです。PCの中にハンコは押せないからです(笑)。したがって、後から起こる微妙な調整を共有することができなかったり、間違いを訂正したりするのが難しく、しばしば混乱を招きます。それでも、ハンコの方が便利だと信じている先生は少なくないと思います。どこか文明の進化に逆らっているような気がしてなりません。ハンコを全否定する気はありません。ハンコだからこその信頼性もある。ハンコが必要なときもある。ハンコにはハンコの良さがあります。

でも、これらの書類をデータ化して、ハンコを1枚1枚押す作業が、一括コピー&ペーストで済んだのならば……。クラスの子どもたちの名前を単語登録することで入力時間を短縮しExcelのスプレッドシートで、一気に名簿作成ができたならば……。作業時間は一気に短縮されるのではないでしょうか。様々なものがデジタル化されたときに、得意な先生に作業が集中してしまうといった場面も多く見てきました。そうなってしまうと、みんなでハンコを押した方がまだマシだと考えてしまう気持ちは、痛いほどよくわかります。PC作業が苦手な方もいらっしゃると思います。たとえば得意な先生が先に入力し印刷したものに、後からゴム印を押していけるハイブリット式でやってみるのもいいかもしれません。PCの字体をゴム印に寄せるのは簡単にできるのです。

何度も申し上げますが、先生方の時間は有限です。

「これ、本当にハンコの方が便利だろうか?」と見直してみることから、意識改革は始まります。

石川先生の
時間管理術

ハンコを押している間に仕事がなくなる世界

企業にもハンコ文化が根強く残っています。日本の企業はとにかく役職が多い。係長→課長代理→課長→副部長→部長→取締役→常務→専務→副社長→社長。部長代理と副部長が互いに席を譲り合う皮肉混じりのコマーシャルもありました。

稟議書の内容を認め、確認したという意味で押すハンコ。次のような話を聞いたことがあります。

ある韓国の企業が、大口の商品見積もりを日本の企業と中国の企業に頼みました。営業マンは、ともに20代後半。日本の営業マンは、案件を会社に持ち帰り30代の先輩に相談。その後、課長、部長代理、部長、担当常務と稟議書にハンコが押され、この会社では異例の7日という速さで稟議がおりました。中国企業に勝つために、かなり思い切った値引きもして、1週間後、自信満々で韓国の企業に出向きました。

しかし、提案書を見た韓国企業の担当者は、あっさりとこう言ったのです。

「えっ？　あの案件の提案書ですか？　あまりに遅いので、もう辞退されたと思って、とっくに中国の企業さんにお願いしましたよ」

驚いた日本企業の営業マンは聞きます。

「そんな！　先方は、いつ見積書を出してきたんですか？」

「打合せした日の夜に、アイパッドから送ってきました」

これ、笑い話ではなく、韓国に住む友人から聞いた実話なのです。

友人によると、中国では20代でも大口案件について自分に決定権があり、社内で稟議を回しているうちに決定が遅れるなどということはないそうです。

もちろん、すべての企業がそうとは限らないでしょうが、この話を聞いたとき、日本企業の対応スピードの遅さに愕然《がくぜん》としたものです。

中国が出した見積もりには、まだまだ改善点はあったかもしれません。

しかし、**スピードにおいて圧倒的に勝った**のです。

日本企業も、国内の企業なら、精度や完璧さ、質の良さで勝負できたかもしれません。

しかし、ビジネスがグローバル化された現在、もっとスピードを上げなければ、海外の企業には太刀打ちできないのかもしれません。

未来ある子どもたちに、慣習にとらわれず、過去に縛られず、各国に負けないスピードで勝負してほしいものです。その子どもたちを育てている先生を尊敬します。

6 増え続けるカードに賞味期限を

みかん先生のポイント！
- かける時間を最小限に。
- カードで差別化。
- 心に響く熱いコメント効果は、賞味期限付き。

学校は、○○カードで溢れています。音読カード、振り返りカード、チャレンジカード、プールカード、読書カード、自己紹介カード……。

カードと呼んでいますが、実質としては子どもたちが何かしらを記入するプリント類のことです。これらは単発のものから、年間を通して取り組むものまで多岐に渡ります。

何か新しい取り組みが生まれるたびに新たなカードが生まれ、先生たちはその処理に追われることになります。

特に、何かの活動に取り組んだ後に書く振り返りカードと、子どもたちに自主的に何かに取り組ませるための○○チャレンジカードについては、年間何種類取り扱うのだろうと考えると、考えるだけで頭が痛くなります。これらすべてにきちんと目を通し、コメントし、管理しようと思うと、これは大変なことです。学期末に、後回しにして貯め込んでしまったカード類がどっさり棚の奥から出てきてしまった！　なんてこと、あるのではないでしょうか（私はあります）。

もちろん、何かに取り組んだ際に、させっぱなしにするのではなく、そこで何を学んだか振り返る機会をもつのは大切なことです。チャレンジカードがあるからこそ縄跳びをがんばった！　鉄棒をがんばれた！　ということもたくさんあります。ですので、これらがなくなればいいと思っているわけではありません。

大切なのは、優先順位を明確にする

私は、これらのカード類の中で次の3つに分類されるものについては、かける時間を最小限にするようにしていました。

①チェックも管理も不要！　子どもたちがのびのび自由に取り組む野放しカード

これに当てていたのが、日々生まれるアイディアカード。いいことをしたら書くいいことカード、誰かに感謝を伝えるありがとうカードなどの類です。すばらしい取り組みであることは間違いないのですが、一旦こういった取り組みが生まれると、どうしてもチェックしてしまいたくなってしまうのが教師の性なのかもしれません。そこをぐっとこらえて、子どもたちに任せていました。

私がするのは、「たくさん書いている人がいるんだね！　すごい！」「今何枚くらいになったの？　増えたねー!!」「どうすればもっと書く人が増えると思う？」と朝の会などで子どもたちを励ます発言をするのみ。

もちろん、カードがいたずらにつかわれているような報告があれば丁寧に対処しますが、それ以外は、自由にのびのびと、子どもたち自身が楽しめるよう促すだけにします。

②ささっとチェックのみ！　あてにしないでプチ加点カード

せっかく取り組んでいるのだから、一旦回収してチェックはするけれど、滅多に全員分が集まることはなく、どうしても煩雑になってしまうカード類がこれに当たります。たとえば、学校図書館が出してくれる読書カード、体育部から出される持久走チャレンジカードなどです。

これらのテーマが自分の「やりたい！」にハマった子たちは喜々として取り組みますが、ハマらなかった子たちのカードは1年間真っ白。紛失確率も高いカードです。

これを全員分管理し、なくしてしまった子を叱り、丁寧にチェックをし……をしているとキリがありません。しかも、これらのデータは当てにならない部分もとても多い。

「先生！　全然読んでないのに借りただけでカードにいっぱい書いてます！」
「○○くん、僕より走ってないと思うんだけど……いっぱい色がぬられているんです！」

こんなことは日常茶飯事。子どもたちのことです。バレバレでも、張りたい見栄もあるのでしょう。一人ひとりが本当にやっているかチェックするのは不可能です。

見栄だろうがなんだろうがやっているように見せる気があるのはいいことです。ましてや、本当にやる気があって取り組んでいるのならば、こんなにすばらしいことはありません。

ですので、あてにならないけど取り組んだら素敵だなぁと思うカード類については、かわいいスタンプまたはシールで賞賛！　子どもたちの評価をつける帳簿に、けっこうがんばってた◎、ふつう○、やる気ない△の3つにざっくり分けて記録。これに5分以上かけません。

通知表をつける際の、関心意欲態度で迷った際の参考程度にすると決めていました。

③すぐに回収返却！　時間が経つと意味がなくなる賞味期限付きカード

これにあたるのが、異学年交流や行事などの特別活動の後に書く振り返りカード。これ、正直成績のどこにどう含めるかというと微妙なところですが、活動をした後の振り返りカードは、その子の気づきで溢れています。こちらがそれをすぐ目にすることで、その子の成長を見取ることができますし、その活動を軌道修正したりさらによくしたりすることにつながります。また、この振り返りを書くことで、自分の気づきを明確にすることは子どもたち自身にとって、とても意味があることだと思います。

こういった類の振り返りカード。どうしても丁寧にコメントを返したくなってしまうと、後回しになってしまい、最後まで目を通すのがしばらく経ってからになってしまうことも少なくないのではないでしょうか。

時が経てば、その行事に対する関心はお互いに薄れていきます。もう気持ちは冷めてしまっていても、行事直後に熱いコメントを数人に返してしまったがために、全員に書かなければならなくなり、学期末にやたら時間をかけてコメントを返す作業をすることに……。

これらは、賞味期限つきカードです。先生からの熱いコメントは、子どもたちもうれしいものです。できるならば、コメントをつけて返したい！　ですが、数カ月たった後に**他のカード類に紛れながらもらうコメントの効果は半分以下**です。集めた時点で、全員分のコメントを書く時間がとれないと判断したら、私は心をこめて花丸をします。本当にたくさんの気づきや思いで溢れているカードには、植木鉢とちょうちょつき花丸と「すばらしい！」といったひと言コメントを。特に目を引いた児童の気づきをクラス全体に紹介して、「みんなの振り返りを読んで感動したよ！　ありがとう！」と励ましのメッセージを送ることで、熱々の感動を子どもたちと一緒に共有することができます。かける時間は15分以内。賞味期限が切れる前に……がポイントです。

石川先生の
時間管理術

クオリティよりスピード重視！

金八先生役で有名な武田鉄矢さんが、小学生に対してこんなアドバイスをしていました。「何でもいいから1番になりなさい。学校を休まず皆勤賞でもいいし、誰よりも早く学校に来るでもいい、挨拶の声が1番大きいでもいいし、かけっこ1番、マラソン1番でもいい。1番という称号は人に自信をつけさせる……（以下略）」

子どもに向けたメッセージですが、私たち大人にも当てはまるアドバイスです。「何かで1番になること」は、大きな自信に繋がります。たとえ、1番ではなくても、そのことが得意、好きと思えるだけでコンプレックスが解消される場合もあります。勉強は嫌いだけど、読書は好き。運動は苦手だけど、持久走だけは得意。

1つのことで自信を持てるようになると、ほかの面でも信じられないパワーが発揮されることがあるのです。

そのような意味でも「〇〇カード」の存在は、国語、算数、理科、社会などの主要な科目のみならず、子どもたちが、自分自身で得意なことを見つけられるアイテムとして重要な存在になります。

さらに、頭のなかで漠然と考えるより、紙（カード）に書き出し、「見える化」することでやる気も湧き、興味も持続することでしょう。

あとは、先生たちが、いかに時間をかけずカードに取り組むか。

みかん先生が3つに分類したカードで扱いが大変なのが「③すぐに回収返却！　時間が経つと意味がなくなる賞味期限付きのカード」です。

ビジネスの世界では、「発表が1日でも遅れたら、どれだけ素晴らしくてもその評価はゼロになる」と言われています。企画書も提案書も見積書も提出期限が守られなければ、どれだけクオリティが高くても意味がありません。

メールの返信も、すぐに返信すれば簡単な文章で済みますが、時間が経てば経つほど内容を詳細にしたり、「遅くなって申し訳ございません」と謝りの文面を付け加えたりと、余計に時間がとられます。**重要なのは、スピードです。**

がんばった子どもたちに、丁寧にコメントを返してあげたい気持ちはわかります。しかし、いち早く返すことこそ、子どもたちが喜ぶことと考える。そのためには期限です。20枚なら20枚のカードを**何分で書き切ると決めて、タイマーをセットして期限内に終わらせると決める。**期限は集中力という不思議な力を持っています。

7
引き継ぎ資料はつかえるものに

みかん先生のポイント！

・引き継ぎ資料の行く末を自分の目で確かめる。
・確実に引き継がれる場所に、必要な情報（起こった事実）を残す。

1年ごとにクラス替えをすることが多いため、次の担任や専科の先生、場合によっては専門機関の先生に引き継ぐべく、学校には、その子がどんな子なのか、どんな指導をしたら効果的だったのかを記録する資料が何種類もあります。しかし、その資料の多くが、その役割を果たしきれていないのではないかと感じています。

引き継ぎの役割を担っている資料をいくつか挙げてみると、前述した指導要録に加えて、いじめ報告シート、個別の支援計画シート、特別支援部会などの報告シート等々。それらに書けることは、当たり障りのない薄っぺらい内容であることが多いです。言うならば、真実を綴ってはいるけれど、言葉を精選してオブラートに包んだために、本当のところがイマイチ伝わらなくなってしまった、といったところでしょうか。公的な文章にあまり過激な内容を残すのは……という共通認識があるからかもしれません（実際、赤裸々に書かれているものについてはマル秘資料扱いになり、読んだらすぐにシュレッダーにかけられます）。また、年度末に慌てて思い出しながら記入するために、ざっくりとした何でもないものになってしまうものもあります。いずれにせよ、これらの資料は次年度に見ても、ざっくりしすぎていてあまり役に立たないのです。

雪だるま式に増えていく報告資料が招く大きな問題

ケース会議などに出てみると、資料に書かれていることと実際の様子に大きなギャップがあることがよくわかります。資料には、「落ち着きがない。クラスの子にちょっかいを出してしまう」とさらっと書かれている子どもの実情を直接聞いてみると、「授業中も席につかず、奇声を発しながらフラフラしています。友だちの筆箱をとって投げたり、友だちのことを突然蹴ったりとやりたい放題でもう手に負えません」といった具合です。結局、聞いてみないと伝わってこない資料ばかりです。

そもそも、その子の様子を見ているのが基本担任の先生のみになってしまう小学校の世界では、担任の先生の独断と偏見で書かれた引き継ぎ資料といった部分は拭い去れません。

その子と担任の関係が悪ければ、よくない態度になるのは当たり前ですし、クラスの環境によって、子どもたちの様子は大きく変わります。

さらに、こういった資料の量は、クラスの状態が大変になればなるほど激増します。問題行動を起こす子については、毎月その様子を書いて報告しなければなりません。いじめが起これば、その経過報告も毎月です。通常は、0〜4枚で済むこの資料が、クラスで様々な問題が起こり始めると、十何枚という報告資料を毎月作成しなくてはならなくなるのです。したがって、そこに書かれる内容はどんどん煩雑にならざるを得ません。大変な状態になってしまったクラスで孤軍奮闘する担任の先生が、1人の子の状態をじっくり見るなんてことは不可能です。「今月も落ち着きがない状態でした」と記入するのが精いっぱいになってくるのです。繰り返しになりますが、そういった資料は次年度に見てもあまり役に立ちません。

結果、記入しなければいけないので一応記入されたこの資料たちは、鍵つきのロッカーに保存されるか、PCの鍵つきフォルダのどこかに埋もれて、その後、開かれることはほとんどなくなってしまうことになります。

読まれないだけならばまだしも、この状況が引き起こす大きな問題があります。記入資料が何種類もあるために、どの情報をどこに書いたのかよくわからなくなり、本来引き継がなければいけない事件や出来事、その子の診断結果といったような大切な情報が埋もれてしまって、伝わっていないということも、しばしば見受けられました。その子の情報があちらこちらに点在していて、どこを探したらいいかもわからなくなってしまうのです。こういった引き継ぎミスは、いじめを再発させる要因になったり、不登校を引き起こす一因となったり、保護者の方々からの信頼を失う可能性があります。これは、出来る限り防がなければいけないことです。**引き継ぎ資料の行く末を自分の目で確かめましょう。**もしも、その資料が役目を果たしていないようであれば、体裁を整えて概要が伝わればいいのです。

そして、確実に読まれる引き継ぎ資料やノートに、残しておかなければいけない問題を集約しましょう。大抵の学校では、年度始めに旧担任から新担任に引き継がれる資料がこれにあたるのではないかと思います。それらがなければ自分で残して、次担任に引き継ぎましょう。**絶対に残さなければいけない情報は、教師の主観ではなく、起こった事実です。**後々のクラス替えに影響を及ぼす出来事や、新担任が知っておかなければいけない情報を、次の担任が読む資料に確実に残しましょう。

1人でクラスを任されている以上、その1年間のそのクラスの情報管理の責任は担任の先生にあります。大切な情報の埋没を防ぐために、確実に引き継がれる資料に力を注げるように、準備を整えることが必要です。

不要なものは捨てる！

この項目では、みかん先生が様々な視点から、「引き継ぎ資料」に対する問題点をお伝えしました。整理すると①主観が入るから難しい　②言葉をオブラートに包んでいるため本当のところが伝わりづらい　③赤裸々に書くとシュレッダー扱いになるため、当たり障りのない文面になり、あまり役に立たない　④資料と実際に聞く話とはギャップがある　⑤担任の先生の独断と偏見で書かれた引き継ぎ資料　⑥クラスの環境によって、子どもの態度が変わる場合もある　⑦資料が鍵付きフォルダに埋もれて開かれることがなくなるなど、挙げるとキリがありません。そして1番の問題は、資料の量があり過ぎて、本来、**引き継ぐ必要のある重要案件が伝わらないこと。**

みかん先生の指摘通り、引き継ぎミスは、いじめの再発や不登校の原因にもなります。

では、どうするか？

たとえば、机の引出しから赤のボールペンを取り出そうとしたときに、赤ペンしか入っていなければ、一瞬で取り出すことができます。黒、緑、青のボールペンがあれば、それらが目に入ることにより、少しだけ探す手間がかかります。さらに黒のボールペンと見分けがつかないシャープペンシル、ダンボールに記入するときだけにつかうマジック、10色セットだけど黄色とピンクしかつかわない蛍光ペン、礼状を書くときしかつかわない筆ペン……。増えれば増えるほど、それに比例して探す時間もかかっていきます。

防ぐためには、**不要なものを徹底的に捨てることからはじめます**。まずは、机の中にあるすべての筆記用具を机の上に出す。すべて出したら、①毎日のようにつかうもの　②週、月に何度かつかうもののうち自分のもの　③社員と共有してつかうもの　④つかわないもの　と大きく4つに分けます。①で選んだエース級の文房具は机の1番上の浅い引出しに。②で選んだ、週、月に何度かつかうものは2番目の引き出しに。③は共有スペースに。そして④つかわないものは捨てる。そうすることで、**必要なものを必要なときに手に取ることができます**。

学校での引き継ぎ資料も同じです。どれだけの資料があるか、まずすべて書き出し、重複している不要な資料は、つくらない。真に伝えなければならない資料だけを残す（個人で判断するのが難しければ学校で検討する）。

無駄な資料が多すぎて、大事な資料が見つからないのでは、時間が奪われるだけではなく、重要な引き継ぎもできなくなります。

8

学習習慣を失わせる、宿題の罠

みかん先生のポイント！

・子どもたちが、宿題をする目的を明確にして提示する。
・宿題は出させることより、守らせること。手間のかからないシンプルなものに。

当たり前のように毎日出される、学校の宿題。子どもたちや保護者の悩みの種となっている場合も多いのではないでしょうか。この宿題に対して、２００６年のデューク大学の研究で、こういった研究結果が出ているのをご存じですか。

①宿題の効果は、年齢の低い学習者より高い学習者の方が高い。
②宿題の効果は、能力の低い学習者よりも高い学習者の方が高い。
③自力で学べない学習者にとっては、宿題は動機付けを低減させ、誤った学習行動を定着させ、効果的でない学習習慣を身につけることに繋がりうる。
④内容がタスク思考で複雑でない場合の方が宿題の効果は高い。
⑤宿題を出すことが時間管理能力を高めるというエビデンスはない。

つまり、**「自分で学習を進められるようになった年齢の高い学習者に対しては、宿題はその効果を発揮する。そうでない場合、宿題は勉強する動機をなくさせてしまう可能性すらもっている」**ということです。しかも、**「その内容は簡単なものである方がよい」**と言っています。この研究結果を知ったとき、私は、長年の悩みから救われたような気がしました。

学校では、「宿題は、家庭での学習習慣を身につけるために必要」という説明がスタンダードにされています。私は、果たして本当にそうだろうか？　という疑問をずっと抱いていました。

遊びたい盛りの小学生。宿題を強いられることは、多くの子どもたちにとって苦痛です。しかし、学校では毎日宿題が出されます。その結果、「宿題やったの？」「いいかげん、宿題やりなさい！」といったやりとりが家庭で多くされるようになります。学校でも、宿題忘れは怒られます。この日々のやり取りが、【勉強は怒られて無理にやらされるもの】↓【勉強嫌い】へと結びついていくような気がしていました。この傾向は、学習が苦手な子ほど顕著です。ましてやそれが、自分一人ではわからない複雑なものだったら……事態はさらに深刻です。やろうとしているのにわからない。イライラするのに、「まだ宿題が終わっていないの？」と怒られる。「だって！　わからないんだもん！」「学校でちゃんと聞いてないからでしょう！」こんな親子間の衝突の火種になり、ますます勉強への嫌悪感が増していきます。

【勉強は怒られて無理にやらされる嫌なもの】と刷り込まれた子どもたちに、家庭での学習習慣が身につくでしょうか。この刷り込みが、大学受験が終わったら途端に学ばなくなる大人を量産しているような気がしてなりません。

勉強は本来、自分のためにするもので、新しい知識を手に入れることは楽しいことです。新たに得た知識から、出来ることが増え、わかることが増えていく。そうした喜びを感じることこそが、家庭での学習習慣を身につける土台になっていくのではないでしょうか。

宿題を子どもと先生にとってよいものに変換する

この研究結果を知ってから、私は、宿題を出す目的を変えました。「**宿題は、やると約束したことを守る練習をするためにするのだ**」、「これは、将来社会人として生きていくときに、必要な力だから」、「勉強は、誰かに怒られるからするのではなく、自分の将来のためにするんだ」と、子どもたちに繰り返し話すようにしました。その上で、宿題を出すのは基本的に漢字練習のみ。漢字ドリルを決まった形で写すだけのシンプルなもので、誰でもそんなに時間をかけずに取り組めるものです。やむを得ず、計算ドリルのような苦手な子が苦しむ宿題を出すときには、「**わからない問題は飛ばしていい。学校で一緒にやろう**」と話すようにしました。

宿題の管理は、先生にとっても大きな負担です。宿題のプリントを刷り、回収をして、忘れた子を叱責し、手抜きの子にはやり直しをさせ、丸つけをして返す。これだけでも、かなりのストレスと時間を費やします。子どもたちのことを想っているからこそ、時間をかけている先生が多くいるのではないでしょうか。でも、その結果、勉強嫌いになってしまう子どもたちを生み続けているとしたら、こんなに悲しいことはありません。

宿題は、手間のかからないシンプルなものにしませんか。そして、宿題を完璧にやっているかどうかよりも、子どもたちが勉強を楽しめるようになるかに焦点を当て、次の授業をより楽しくするための準備に取り組む方が、勉強を楽しいと感じられる子どもたちを増やしていくことに繋がるはずです。宿題を管理するストレスから解放される方法については、第３章でご紹介したいと思います。

石川先生の
時間管理術

子どもがやる気になる方法！

私は、『30代で人生を逆転させる1日30分勉強法』、『G＋PDCA勉強術』（ともに明日香出版社）と、2冊の勉強法の書籍を出版しています。

どちらの書籍でも紹介していますが、子どもの勉強と大人の勉強は違います。

子ども時代の勉強は、大人になって、どんな世界で生きていくのかを選ぶための勉強。そのために広く浅くいろいろな科目に触れる必要があります。国語、算数、理科、社会、英語……自分がどんな仕事に向いているかを知るとともに、どんな仕事と人生を歩むのかを勉強を通して考える。その期間が学生時代。

対して、大人の勉強は、自分がやりたいことを実現するために行う勉強です。

たとえば、「会社で総務部に在籍しているけれど、転職したい！　そのために、社会保険労務士、キャリアコンサルタントの資格を取りたい。だから勉強をしたい！」

「元気のない社会を元気にしたい！　そのために、元気を伝えるセミナー講師を副業としてやりたい。だからコーチングの勉強をしたい！」

受動的な勉強から、能動的な勉強へ。

それが、子どもの勉強と大人の勉強との違い。

子どもの勉強は、大人になってどんな世界で生きていくのかを選ぶための勉強。

大人の勉強は、もうすでに何をするかわかっていて、その目標に向かって行なう勉強。

言い換えるとスタートを決める勉強から、ゴールに向かって突っ走る勉強。

同じ勉強でもまったく違うもの。だから大人の勉強は楽しい。自分の夢を実現させようとがんばる勉強だから、とずっと思ってきました。

しかし、考えたら、子どもの勉強でもそれは可能なんです！

「ユーチューバーになりたい！」「警察官になりたい！」「スポーツ選手になりたい！」そして「学校の先生になりたい！」、ご存知のように、**どんな職業でも勉強しなければならないことに変わりありません**。たとえば、ユーチューバーになりたいなら、遊んでいるだけではなれない。毎日配信するネタを考えなければ続かない。科学実験のネタのために理科の勉強、歴史クイズを出すために社会の勉強、動画配信では言葉を間違えられないので国語の勉強……勉強しないとユーチューバーになれないよ。その職業に就くためには、勉強しなければならない。そのことを伝えられたら、大人、子ども、関係なく、自ら、勉強を始めるのです。

「9」

取り組みたくなる通知表の活かしかた

みかん先生のポイント！
・評価内容を明確にして、子どもたちに公言する。
・がんばりどころがわかると、子どものやる気につながる。

私が教師生活で1番嫌いな仕事は、通知表をつけることでした。本当に大嫌いでした。なぜなら、通知表に意味を見いだせないでいたからです。

小学校の教科や領域の成績で測れる部分は、その子の能力のほんの一部分に過ぎません。その子が受け取ったときに、どこを見て評価されたかわからないものでは、活かしようがないのではないか。通知表の成績が悪いせいで自信を失くしてしまう子もいるとか……それではもったいなさすぎます。

通知表には、主にテストの点数で成績をつける項目と、日々の提出物や授業の様子、作品などからつける項目とがあります。テストの点数で決まる項目は説明がしやすいのですが、そうではない項目の成績については、曖昧なところがものすごく多いのが実情です。どこからがAでどこからがBなのか、かなり微妙なのです。そのため、先生の主観で判断される部分が多くなります。しかも、1人で30人も見ている場合、すぐに思い出せず「記録メモを見ないと！」なんてことも起こります。それなのに、通知表を受けとった子どもは、「小学校のころ、図工がBばっかりだったし、やっぱり自分って絵が苦手なんだよね」というような、悲しい思い込みが生じやすくなります。また絵を描くとき、その子がその題材に対して興味が薄ければ授業への取り組み姿勢も低くなるものです。そのことに気づかず、なんだか丁寧に取り組んでないように見えたから、Bにしておこうかな。ということも、起こりうるのです。

子どもたちの授業態度が低いのは、授業がつまらないからです。信頼関係がうまくいっていないからです。関心意欲態度の項目にCがついてしまうのは、むしろ教師側の力不足だろうと思っていました。

通知表を子どもたちの成長につながるものに変換する

やがて通知表を、意味のあるものに変えられるのは自分だ、ということに気づいてきました。「1つでもAを増やす関わりをしよう」「子どもたちがもらって前向きになれるような通知表にしたい」そう思うようになりました。私は、出来る限り子どもたちから見てわかりやすく、成績を上げようと思ったら上げやすくしようと考えました。

「この部分はここを見て、こんな風につけるね。だから、こうすれば成績が上がるから、上げたいと思う人はがんばってみてね！」と、**評価する内容を明確にして、どう成績をつけているかを子どもたちに出来る限り話すようにした**のです。上げ方がわかれば、がんばりようがあります。がんばって、その成果が目に見えれば、その経験はその子の自信につながります。「将来手元に残るものですから、子どもたちにとってよい思い出になるものにしたい」そう思ったのです。

たとえば、各教科の関心意欲態度について。

「これは、みなさんがやる気があるように見えているかを評価する項目です。やる気があるかどうかではありません。先生から見て、やる気があるように見えているかどうかです。なぜなら、やる気は目に見えません。だから、みなさんは、やる気があるようにアピールする必要があるわけです」

それぞれの教科について、どうすればやる気があるように見えるかを、確認しました。手を挙げて発表する回数を増やす。感想を書くときに指定した長さよりも長く書く。自主学習ノートを提出する。作品の色塗りにムラがない。準備や片付けを率先して行う等々……。

実際に、評価する内容を子どもたちに公言しなければならなくなったことで、成績をつけるときの迷いが少なくなりました。この項目はこれでこうつける！　を授業をする段階で明確にすることで、成績をつける時間は短縮されます。さらに、丁寧に課題に取り組む子が増え、自主学習に取り組む子も増え、Aをつけられる数が増えていきました。「ここをがんばればよくなる！」が明確にわかると、子どもたちのやる気につながっていきます。

通知表は、先生の工夫次第で、子どもたちにとってどんどん結果が出る、自分の成長に活かせるものにしていくことができるのです。

石川先生の
時間管理術

仕事をゲームに変えてみる！

高校時代に生鮮食料品店でアルバイトをしていました。土日しか営業していない店で入場制限をするほどの人気店でした。同じ年の高校生と2人で、納豆、モヤシ、豆腐にカマボコなど様々な商品を冷蔵庫から運んで店頭に並べる仕事でした。モヤシを入れたら木綿豆腐がない。木綿豆腐を入れている間にチクワがない……。営業終了まで、ひたすら運んでは入れ、運んでは入れの8時間。かなりハードでした。

休む暇もなく働くことに嫌気がさしていました。休日に仲間と遊べない。友人も同じ気持ちでした。お金は欲しいけど仕事は大変だし遊びに行きたいと思っていたのです。「もう辞めようか？」と、どちらともなく言ったときに「何か最後ぐらい遊んでから辞めよう！」と、友人と簡単なゲームを行ないました。どちらが多く商品を運ぶかという単純な賭け。多く運んだほうが、昼休みのカラアゲや帰りのジュースをご馳走になる。モヤシなどの軽い商品は1点。豆腐など重たい商品は2点。お客様の商品を車に運んで「ありがとう」と言われたら5点。賭け事を徐々に複雑にしていきました。

結果、一瞬だけ売切れ状態になる商品がいつも充実の品揃え。お互い無言の譲り合いをしていた重たい商品を運ぶのも取り合い。「ありがとう」が聞きたくて笑顔で接客するので、無愛想な高校生から、評判のいいアルバイト2人に大変身しました。

今までより忙しくなったにも関わらず、2人とも卒業までアルバイトを続け、私も自分で稼いだお金で24万円のステレオセットとマイケルジャクソンのスリラーのレコードを購入できました。

高校を卒業して初めての冬休み。実家に帰って昔のアルバイト先に遊びに行ったら、2人で行なっていた仕事を6人でやっていました。いかに私たちがハイスピードで処理をしていたのか……というか、時給を上げてもらえば良かったと、だらだら働く6人を見て思いました(笑)。

みかん先生の「役に立たない通知表」の話を読んで、前述した35年前のバイト時代を思い出しました。**苦しいを楽しいに変える。イヤなことを好きになる。仕事をゲームに変えてみる。すべてが本人の考え方で変わります。**先生の後押しさえあれば、子どもたちの行動も変わります。手を挙げて発表する、感想を書く、作品の色ムラをなくす……。自分の工夫次第で結果が出れば、楽しくなって自主的に動くようになります。先生も成績をつけるときの迷いがなくなり時間短縮にもなります。

10

先生への評価の落とし穴

みかん先生のポイント！
・評価を当てにしない。いつか必ず、見てくれる人は現れる。
・教師の仕事は周りから見えないからこそ、仕事のやり方は自分で選べる。

日々襲ってくる山のような事務作業をこなしながら子どもたちを育み、授業をし、トラブルが起これば対応し、保護者からの連絡にも対応をし……。先生たちの1日は目まぐるしく、休憩時間もないままに過ぎていきます。朝早くから出勤して、残業をしても仕事が終わらず、土日も出勤する先生も少なくありません。

かと思えば、割り振られる仕事はさほどなく、担任をもたず、職員室でのんびりと本を読みながら過ごして、定時に退勤する方もいます。それでも、給与体系は年功序列で仕事量は関係ない！　といった体制が数年前までの常識でした。がんばったらがんばった分だけ自分に仕事が集まってくる……でも、給料は変わらない……といった状況が、長らく続いていたわけです。

平成29年度から、その体制が大きく変わることになりました。教師の業績評価と能力評価が、昇給と勤勉手当（賞与）に反映されることになったのです。これを聞いたとき、うれしくて仕方がなかったのを、今でもよく覚えています。「やった！　日々のがんばりを評価してもらえるんだ！」と心が踊りました。

この業績評価と能力評価をするにあたり、自己評価シートというものが基準になることになりました。年度初めに、クラスや分掌で取り組もうと思っていることを書き、それがどれだけ達成できたかの自己評価を年度終わりに記入して、管理職の先生に提出するとのこと。その達成率によって、評価をしてもらえる。というものでした。

形式だけの自己評価シートから学んだこと

私は、学級運営や学習面、研修で取り組みたいことなどを細かく書き込んだ目標に対して、やり遂げたことをぎっしり記入し、年度の終わりに自己評価をする際、自信をもっていくつかの項目にAをつけました。そのシートを手に、ドキドキしながら臨んだ管理職の先生方との面談で、言われたことは次のようなことでした。

「どうしてAをつけましたか？」

「はい。掲げた目標に対して達成できたと満足したからです」

「Aというのは、全体の教員の数%にあたるくらいに優れた教員であると思った場合にのみつけられるものです。掲げる目標自体もかなりレベルの高いものである必要があります。これはその数%にあたるくらいにすごいということですか？」

「それは……私には、わかりません」

「でしたら、それはAではないのではないでしょうか。よく考えてもう一度提出してください」


私は、心の中がモヤモヤがいっぱいで「チクショー！」と心の中で叫びながら、自己評価のすべての項目をBに修正して提出しました。納得がいかなかったのは、Aを取りやめたことではありません。「こうであるからAではなくBです」という説明をいただけたならば、その課題に次年度取り組もうと前向きに受け止められたからです。

その校長先生は、私のクラスを見に来たことは一度もありませんでした。つまり、どんなクラスをつくっていたか、どんな授業をしていたか、何も知らないのです。何も知らないのに自己評価を否定されたことが、悔しかったのです。それ以降、自己評価でAをつけるのをやめてしまいました。

私と同じような想いを経験した先生の話を、たくさん耳にしました。そもそも自己評価でAをつけること自体が図々しいといったニュアンスすら感じられました。私は、給与体系の改正の話自体を、空耳だったと考えることにしました。この、真面目にやればやるほどバカをみるような、先生方のやる気が削ぎ落されていくような世界が、一刻も早く改善されることを願います。

この話には後日談があります。先程の一件以来、自己評価シートは、すべてBで出すことにしてしまいした。そのひねくれた私の自己評価シートを見て、こう言ってくださった方がいました。

「どうしてBにしたの？　あなたがクラスでやっている取り組みは素晴らしいものだよ。Aをつけていいと思うなぁ」

「若い先生たちにぜひ伝えていってほしい。なかなかできないことだよ」

その校長先生と教頭先生は、新しく赴任されてきた方で、学期に1回は全クラスの授業を見てフィードバックを返してくださり、ほとんど毎日全クラスの様子を見て回ってくださる方でした。うれしくて、うれしくて、その日の帰り道は涙が止まりませんでした。こんな風に評価してもらったのは、本当に久しぶりだったのです。「誰かから認めてもらえるって幸せだなぁ」心からそう思いました。改めて、子どもたちのがんばりを見逃さない先生になりたい……そう思いました。私が、通知表を子どもたちにとって、自分の成長に活かせるものにしたいと強く思ったのも、この経験が大きく関係しています。そのくらい、教師の仕事は周りから見えません。見えないから評価されない。アドバイスももらえなければ褒められもしません。朝から夕方まで、その仕事っぷりを見ている人がいない……。そんな中で、先生たちは働いています。先生たちが、余計な事務作業に追われず、必要なところに時間をつかい、正当に評価がもらえるようになったなら……教育の世界はもっと明るいものになるのではないでしょうか。

日々がんばっている先生方。形式だけの中身のない仕事にかける時間を減らして、子どもたちにとって中身のあるものに、自分自身で変換していきましょう。

時間は有限です。**仕事のやり方は自分で選ぶ**ことができます。何よりも、日々がんばっている自分を労ってください。先生たちが心から笑顔でいられることが、何よりも大切なことです。

石川先生の
時間管理術

優れた管理職は、がんばった時間を認めない！

正しい評価をするためには、公正で客観的な判断をし、先入観や個人の視点を入れないことが重要です。企業では明確なルールに基づいた評価を行うために、評価項目を社員に公表したり、社員が自ら目標を設定、行動に移してフィードバックをする自律型の評価システムを採用するなどしています。評価は通常、もっとも近くにいる直属の上司が評価します。自己評価制度でも、直属の上司と面談を行うため、お互いの思いや改善点が伝わりやすく、円滑なコミュニケーションが生まれることもあります。

しかし、学校では、みかん先生が悔しい思いをしたように、クラスを観に来たこともない管理職が評価するなら、コミュニケーションも取れず、評価によってはモチベーションも低下してしまいますよね。

常日頃の業務でも、間違えた評価をする管理職もいます。

たとえば、部下が資料を作成しました。見やすく、わかりやすく、過去のデータもそろっている素晴らしい資料。何日も何日も深夜まで残業してがんばりました。

このとき、ダメな管理職は「いや〜毎晩遅くまでご苦労さま、毎日深夜まで残業してつくっただけあるな！　時間をかけたから完璧だ。素晴らしい」

というような労いの言葉をかけます。言われた本人はうれしいかもしれません。しかし時間をかけたことにフォーカスして褒めることによって、次回の資料も深夜まで残業してでも完璧に仕上げることになるのです。これだと、時間をかけてでも成果をあげることが良いと認識されます。まわりで聞いている社員も、残業してでも成果を出すことが評価対象だと認識するのです。

私が新入社員のころ、残業して書類を提出すると「これぐらいの資料で残業するな。能力がない証拠だぞ」と言われていました。そのときは、成果を評価してくれなかったことに腹が立ちました。20年以上経った今なら、その上司の気持ちがわかります。たしかに時間をかければ、良い資料はつくれるかもしれません。しかし、その仕事の成果が上がっても、ほかの仕事を行う時間がなくなることによる損失も考えなければなりません。時間をかけたことを評価していると、時間をかけて資料をつくるようになります。

学校も一緒。先生になったのは、**資料づくりが目的ではありません。子どもたちとの関わっていく時間が何にも増して、大切**なのです。その時間を取り戻しましょう！

CHAPTER 2

会議にかける時間との費用対効果

教師間で持っておく年間行事予定表には、毎年度会議の予定がびっしり。子どもたちが下校した後、会議をしているだけで、勤務時間が終わってしまうことも珍しくありません。第2章では、私たち教師がこれらの会議に費やしている時間について、考えていきたいと思います。

1 連絡報告居眠り会議

みかん先生のポイント!
・集まって確認が必要な会議と資料を渡すだけでよい会議を見分ける。
・会議を開くか否かを取捨選択することで、効率的で主体的な会議に結びつく。

私が教師になって初めて出席した職員会議のこと。机の上に置かれた分厚い資料――。その表紙には、ずらっと書かれた議題の項目。その日の先生たちの勤務内容は、1日中ほとんどずっと会議とのこと(春休み中です)。「こんなに!! すごい!!」と驚きながら、ページをめくると、これまた文字がぎっしり。ついていけるかな……ドキドキしながら臨みました。開始30分経って議題が3つ目あたりに差し掛かったころ、私はあることに気づきました。「議題って行事のことなんだ」と。

入学式、1年生を迎える会、避難訓練、なわとび集会等々。ずらっと並んだ議題の項目のほとんどが、新学期に執り行われる行事について。その行事の担当の先生が、順番が回ってくると配られた資料を読み上げていくのです。資料の読み上げが終わると、司会の先生がこう聞きます。「何か質問はありますか?」質問がなければ次の行事へと、会議は進みます。質問があれば、その質問に担当の先生もしくは管理職の先生が答えて次へ進む流れでした。質問をする人は偏っており、特定の一部の方が声を上げているようでした。

連絡報告会議は睡魔との闘い

職員会議は話し合う場ではなく、「行事内容をみんなで読み込む会」でした。何か教育について意見を交わし合う場だと勘違いをしていた私は、とても驚いたのを覚えています。そうして開始1時間が経過したころ、私はさらにもう1つの事実に気づいて衝撃を受けます。周りの先生方の様子を観察してみたのです。隣の先生は、職員会議の資料を見やすくするためのインデックスを作成していました。斜め前の先生は、どうやら別の資料を読んでいる様子です。なにやら事務作業を進めている先生もいました。要するに、提案者の話をしっかり聞いている感じではないのです。

ぐるっと職員室を見回してみると……おお！　寝ている先生がいっぱい！　大学の講義中にウトウトしてばかりいた私は、「先生も居眠りするんだ！」と親近感を覚えたものでした。

行事内容の連絡を何日も前にされても、その日まで詳細を覚えてはいられません。結局は、当日または前日に資料を見ればいいわけですから、会議の内容を聞いていなくても大丈夫なのです。毎日忙しく働いている先生方が、数時間にも及ぶこの会議に参加するにあたって（しかも、春休みの麗らかな陽気の中で）、睡魔に襲われるのは必然と言ってよいのではないでしょうか。

こうした、【資料を読み上げるだけの会議】が、学校にはとてもたくさんありました。会議ではなく、連絡や報告会なのです。資料を読めばわかることを、みんなで一緒に確認をするためだけに集められます。そのため、睡魔との闘いです（笑）。

教師を退職してから、現在関わっているスクールの講師会議や運営会議に出席する機会がたくさんありますが、居眠りをしてしまったことはありません。聞いていないと、後々とっても困りますし、議題について自分の意見を整理するために、たくさん頭をつかうからでしょうか、寝ている暇がないのです。

子どもたちの成長に関わる行事を、より意義深いものにするために、共通理解をすることは大切です。集まって確認をしなければいけない報告も大事なことです。でも、資料を渡すだけでよい内容もたくさんあるはずです。その取捨選択をしていくことが、より効率的で主体的な会議に結びついていくのではないかと思います。

「事前に資料に目を通しておいてください」と声をかけ、大きな変更点などどうしても確認しておきたいことや議論を要する部分だけを、会議で取り扱うようにする心がけが必要です。「そうはいっても読まない先生がいるからなぁ」そんなつぶやきが聞こえてきそうです。その気持ちは、とてもよくわかります。私もずっとそう思っていました。

私は、生徒指導主任として生徒指導委員会を開く際には、資料は早めに用意して配るようにしていました。どんなに遅くとも、当日の朝には出席する先生方の手元に渡るようにします。表紙には「いつもありがとうございます。資料に目を通してからご参加下さい」と大きく印刷して渡していました。その上で、会議中も読んでいる前提でスピーディに進めていきます。「報告については読んでいただいた通りです。何かご質問などありますか？では、今月の議題にうつります……」といった具合です。そして、会議の最後に感謝を伝えます。「先生方にご協力いただいたおかげで、とても効率よく進めることができました。ありがとうございました」――。この進め方が定着してからはご好評をいただくことの方が多くなっていきました。

読まなくても大丈夫な環境が、資料を読まない人を量産するといいます。読んで当たり前をつくれるかどうかは、会議を進める側の心がけ次第です。ご自分の担当する議題の提案の仕方に、ひと工夫を加えてみませんか。

石川先生の
時間管理術

朗読会は廃止する！

「配布資料を読めばいいだけじゃない？」と疑問に思う会議があります。論文のような何ページにもわたって書かれた資料を発表者がひたすら読み続ける。文章が上手いわけでもない。結論までが遅い。眠気が襲い、内職に走る。朗読のような伝達会議なら、集まる必要はありません。

難易度の高い仕事に集中したいときやモチベーションが高いときに、意味のない会議が開かれたら、時間効率的にもったいない。

厚生労働省は、集中力と時間との関係について「健康づくりのための睡眠指針」のなかで次のように発表しています。

「人間が十分に覚醒して作業を行うことが可能なのは、起床後12〜13時間が限界であり、15時間以上が経過すると酒気帯び運転と同じ程度の作業効率まで下がる」

つまり、朝6時に起きる人は、覚醒して作業を行う限界が18時〜19時で、21時以降は、お酒を飲みながら作業を行っているのと同じ状態になるのです。**午前中は集中力が高く、起きている時間が長くなればなるほど、作業効率が悪くなる。**クラブ活動で早起きしている先生なら、なおさら集中力が失われる時間が早くなります。

当社では、伝達するだけの会議は行いません。**伝達内容をメールで一斉送信し、各自が時間のあるときに読むこと**にしています。人によって読む速度が違います。読むポイントも異なります。細切れ時間を活用して、好きなときに読むこともできます。

みかん先生の言うように、行事内容を何日も前に話されても覚えていられません。さらに欠席者がいた場合、伝達ミスが生じる可能性もあります。参加者に「隣の席の○○先生に伝えておいて」はミスのもと。「言った、言わない」、「伝えた、聞いてない」でトラブルになることもあります。メールで一斉送信すれば、トラブルを防ぐことができ、記録にも残ります。

話し合う必要がある要件なら集まる。ただし、リアルではなく、テレワークでも可能です。早朝の会議なら自宅で参加してから出社すると通勤ラッシュが回避できます。オンラインでの参加なら外出先から戻る必要もありません。各支店から本社に集合する必要もなくなり、旅費や懇親会の経費節約、時間効率もはかれます。

伝達だけなら、会議を開かずメールで一斉送信し、**疑問点があれば質問する。**同じ会議でも内容に応じて、明確に分ける必要があります。

2 放送しないと集まらないダラダラ会議

みかん先生のポイント!

・時間を守る人が、損をするような慣習が、時間を守る人を減らしていく。
・遅れて始まった会議は、遅れた分早く終わることを意味します。

先生たちの会議のほとんどは、子どもたちが下校してから30分ほど後にスタートするスケジュールが組まれています。この放課後の会議には、全員が出席する職員会議や研修全体会といった類のもの。担当者だけが集まる部会や委員会のようなものがあります。全員出席のものは時間で集まる先生方ですが、それ以外に関しては、集まりが悪いように感じていました。月初に配られるスケジュールにも、朝配られる日報にも日時と場所が書いてあるにも関わらず、校内放送をしないと集まらない……。どうして、このような現象が起きてしまうのでしょうか?

私たち教師は、日頃から、子どもたちに対して、「時計を見て行動するように」と口すっぱく言い、チャイムや時計、時間割に従って1日を過ごしています。

子どもたちが下校した直後は、先生たちにとって、ほっと一息がつける時間です。だからでしょうか。この時間帯に関しては、【先生が時計を見なくていい】習慣が身に付いている気がしていました。

たかが10分、されど10分

職員室でコーヒーを入れたり、教室で事務作業を進めたり、保護者に電話をかけたり、先生方はそれぞれ学校のどこかで思い思いに放課後の隙間時間を過ごします。会議が30分後にあることは、頭の片隅に置きつつ……。

そして、「ピンポンパンポーン。本日の○時○分より、○○部会を会議室で行います。よろしくお願いいたします」と、会議開始直前に担当者から放送が入ります。すると、それが合図かのように各々の準備が始まります。「ええと……会議資料はどこだっけ？　あ！職員室に置いてきちゃった。一旦職員室に戻ってから、会議室にいかないと」職員室に戻ると会議資料が他の書類たちに埋もれていたりする。「あれ？　この下かな？　こっちだっけ？」そうこうしている間に、学年の先生に話しかけられたりして……「○○くん、今日こんなこと言っていたけれど、大丈夫だった？」「え!!　そうなんですか？　それって……」

なんだか大切そうな話だったので少し話してからようやく会議室へ。そんなこんなで会議開始の時間から10分ほどが過ぎていたりするのです。

こんなことが学校中のあちらこちらで起こっているわけです。ですから、会議を担当している側からすると、時間で集まらないのは当たり前。開始時間になったくらいからちらほら集まり始めて、会議開始5分くらいでメンバー確認。「これで全員ですかね？　あれ、3年生の○○さんがいないか。3年生の先生で他に出られそうな人いますかね？」「じゃあ私、職員室に声かけてきますね」みたいなやり取りが始まります。そうこうしている間に先程の先生らが到着。「遅くなってすみません！」に対しても、「いえいえ。今ちょうど始まるところですから大丈夫ですよ」となるわけです。10分後にようやく会議が始まることになります。

こうした、【集まるまで待つ時間】の中で交わされる、たわいもない会話をかけ合う空気感だからこそ話せることがあったり、交流が生まれたりすることもあります。

ですが……やはり時間は有限です。会議が遅れて始まった結果、予定時刻に終わらないようなことが多発すれば、それは、時間を守った先生のストレスにつながってしまいます。時間を守っている人が、結局待たされることによって損をするような慣習は、時間を守る人を減らしていってしまいます。**10分遅れて始まった会議が終了予定時間に終わったのであれば、それは、時間通り始まれば10分前に終われたことを意味します。**何気ない交流の場をつくりたければ、会議が終わった後、その場に残って談笑できるようにすればいいことです。そうすれば、残るか否かを参加メンバーが選択できます。

以前お世話になった教頭先生が、会議のための校内放送を禁止にしました。そして、たとえ集まっていなくても、決まった時間で始めることを徹底したのです。その結果、すべての会議が瞬く間に時間ぴったりに始まるようになりました！

忙しい中、「時間を守れ」と押し付けられると窮屈に感じてしまう部分は大いにあると思います。ですが、守るからこそ生まれる時間があります。意識が変われば習慣も慣習も変わります。遅れる人に合わせる習慣ではなく、定刻に集まる人に合わせる。そんな当たり前の意識改革をしていくことで、時間を守ろうとする仲間は増えていくはずです。

石川先生の 時間管理術

遅刻は時間泥棒!!

セミナーを開催すると、何名か遅れてくる方がいます。電車が遅れている、駐車場が満車で入れないなど、やむを得ない事情があれば、本題に入らず、アイスブレイクや雑談をしながら、遅れてくる方を待ちます。

とくに事情がなければ、定刻どおり本題に入ります。一見、冷たいようですが、遅れずに来ている参加者に迷惑がかかるからです。

参加者は定刻前から着席しています。スタートが5分遅れるだけでも、100名参加していたら、500分のロスです。その時間を無駄にするワケにはいきません。

私がコンサルタントをしている会社でも、会議に遅れてくる社員への対応相談があります。その場合には、「**待たずにはじめてしまうこと**」とアドバイスします。

会議は結論から先に話し、最初からいないと困る状況をつくり出す。前半部分での議題について遅刻者に質問する。遅刻して聞いていないので答えられないので恥をかく。そこまで厳しくすれば、遅れる者はいなくなります。

人はなぜ遅刻をしてくるのか？

それは**遅刻しても困らないから**です。

たとえば、参観日なら、定時前にクラスに入っています。

父兄を待たせておくわけにはいかないので、チャイムがなる前にクラスに入ります。

その覚悟が、会議に遅れてくる人にはないから、遅れてくるのです。遅れても雑談しながら待っていてくれる。放送が鳴ってから準備しても問題はない。

しまいに遅刻が当たり前になり、とがめられることもないと、他の先生も遅刻するようになります。学級崩壊ならぬ会議崩壊です。

「遅れてもいい」という感覚。私には信じられない感覚です。なぜなら、セミナーのところでお伝えしたように、**待っている人の時間を奪うこと**になるからです。

みかん先生の言うとおり、時間を守った先生のストレスにもつながります。

私は、会議をはじめる時間や打ち合わせの時間を3時や4時ではなく。3時10分、4時15分というように中途半端な時間からはじめています。そのほうが、時間を守ろうという感覚に参加者がなるからです。

放送しないと集まらない。そんなダラダラ会議を改革することが、重要です。

3 形式だけの時間ドロボー会議

みかん先生のポイント！
・何を話すための会議か分からない ×
・報告する内容がない ×
・適切なメンバーが揃っていない ×
会議の目的は明確に、効率的に。

そもそも、会議とはなんのために開かれるものでしょうか。私は、学校で開かれる会議の目的は、大きく分けて3つあると捉えていました。

①情報を共有するための報告連絡会議……朝集、職員会議など。
②問題を解決・改善するための会議……ケース会議、授業研究協議会など。
③意思決定をするための会議……提案前に行う部会、運営委員会など。

この3つのどれにも当てはまらないなぁと感じていたのが……

④目的をもたない形式だけの時間ドロボー会議。

「私、何でこの場所にいるんだろう。この会議、何をするために集まっているんだろう」こんなことを会議中に感じたことはありませんか。この「時間ドロボー会議」生まれる過程を3つに整理してみました。

目的はありますか？

学校では、年度当初からやらなければならないと決まっている会議があります。倫理対策会議やセクハラ対策会議などがこれに当たります。そして、その会議の参加メンバーは、年度当初に決められています。ですから、その日時がやってくると、決められたメンバーが集まってその会議が開催されるわけです。そのため、直前にこんな会話がなされることがあります。「え！　明日のこの会議の担当、私ですか？　何を話し合えばいいですかね。じゃあ、とりあえず、今の状況を学年ごとに話す感じで……」集められたメンバーは、何の目的かはわからないけれど、順番に最近の〇年生の状況をシェアしていき、当たり障りのないコメントがされ、解散するというよくわからない時間を過ごすことになります。

その会議が必要ないと言いたいわけではありません。倫理対策もセクハラ対策もとても重要です。その名前に見合った会議の中身にするためには、そこでどんな内容を扱い、どんな収穫を残したいかを明確にする必要があるのです。そのためには、先生方が倫理やセクハラに対して抱いている問題についてヒアリングしてテーマをしぼったり、それらの問題に対して精力的な他校の取り組みについて調べておいたりする必要があります。

こうした会議を有意義なものにするための**ファシリテーションスキルを先生自身が身に**

付けることは、子どもたちの学級会指導にも生きてくる部分だと感じていました。せっかくやることが決まっている会議です、その場しのぎの時間にせず、どうしたら有意義なものになるかを、担当になった先生たちで楽しんでみるのはいかがでしょうか。

報告することはありますか?

学校には様々な部会や専門委員があり、その役割を分担して運営をしているわけですが、中には、「名前だけあってほとんど機能していない役割」が存在しています。また、その役割が動くのは1年のうちの数回だけというものもあります。そういった役割の「情報を共有するための報告連絡会議」も、ちゃんと定期的に開けるように、予め日程が設定してあります。日程が設定してあるのに、「特に活動していないので会議をする必要はありません」というのは、なかなか言いづらいものです。その結果、集まったけれども特に話すことはないので、よくわからない資料を共有したり、近況をシェアしたりといった体裁を整えるための形式だけの会議になってしまうのです。**報告する内容がないことは、恥ずかしいことではない**と思います。その役割の性質がそういったものであったり、他のお仕事の方に力を入れて取り組んだ結果だったりする場合がほとんどなのではないでしょうか。

実際、「報告内容が特にないので、会議はありません。ご自分の時間につかってくださ い」と堂々と言ってくださる先生も増えてきたように感じます。なんて清々しいんだ！とありがたく感じるものです。

自分が出る必要ありますか？

校務分掌に名前が入っているから参加しているけれど、自分の学年や担当には関係のない内容だったり、そもそもこんな大人数出席する必要のないものだったり、ということもあちこちで起こります。議論を要するものを大人数で話すことは、議論に参加できない人を増やしてしまいます。また、あまり関係のない内容について意見を求められても、困ってしまうことも多いです。

会議の目的を明確にした上で、議論が必要な場合は、関わりの深い先生のご意見を先に伺っておき、方向性の目処をつけてから臨むようにすることが、効率的に会議を進めていくために効果的です。せっかく集まって開く会議です。先生方にとってよりよい時間にするために、できることはたくさんあります。形式だけの時間ドロボー会議の割合を少なくしていくことで、みんなにとって有意義な時間を増やしていくことができます。

石川先生の
時間管理術

会議は悪か？

会議は悪。会議はムダ。会議は不要。

民間企業でも、会議は長時間労働の原因としてやり玉に挙げられ、多くのビジネス書によって、その削減案が書かれています。

あるビジネス書では、「時間は仕事のために費やすべき。会議のために費やすべきものではない」という趣旨のことが書かれていました。

一理あります。

しかしすべての会議がそうだと言えるでしょうか？

もしすべての会議が悪なら簡単です。今日から会議をなくせば良いからです。しかし全国どの会社を見渡しても、ニュースを観ても、会議を全廃したという話は聞きません。

なぜか？ それは**不要な会議のみならず、必要な会議がある**からです。

たとえば、3本発注されている工事のうち当社はどの工事を取りにいくべきか？ いくらの金額で入札に参加するか？ など重要な事項なら会議で決めなければいけません。

ただし明日の朝までに入札金額を決めなければ間に合わないのに、会議に必要以上の時間をかけてしまう。最悪、結論が出ない。部長会議なのに課長を同行させる。新入社員も秘書も受付もとその会議の趣旨に関係のない者まで参加させるなど、必要な会議であっても時間のかけ方や、人選についての間違いもあります。

民間企業のみならず、学校でも必要な会議を見極め、不要な会議を排除し、かかる時間や参加者の人選などを決め、効率的に会議を行なわなければなりません。

必要な会議を見極め、短い時間で、最適な人員を選んで会議をすることにより、1番重要である子どもと向き合うことに集中することができるのです。

そのためには、どうすれば良いか？

まず会議の種類を知り、どのような趣旨で行なわれるのかを整理する必要があります。この整理が頭でできていないため、必要か不要かの判断、時間配分、人選などを誤り、みかん先生の言うように、「目的をもたない形式だけの時間ドロボー会議」が生まれるのです。

会議には大きく分けて、**①伝達する会議　②アイデアを繰り出す会議　③決定する会議　④自分の力を見せつける会議**　の4つの会議があります。

次節で詳しく、4つの会議の内容を見ていきます。

「4」突如はじまる、自然解散会議

みかん先生のポイント！

・「会議」と「おしゃべり」の違いは、「学年全員で話し、決定する事項かどうか」で区別する。
・線引きの曖昧さが仕事の効率をさげる！

職員室の机の配置は、同じ学年を担任する先生ごとにまとまっており、学年の間で行われる相談や打ち合わせがしやすいようになっています。つまり、学年のことに関して何かを話そうと思った場合、話せる環境が常に整っているわけです。そのためか、「学年会」と呼ばれるこの会議に関して、アバウトな部分が多すぎるのではないかと感じていました。

基本的に学年で合わせて動くことが多いので、学年で話す議題は日々山ほどあります。年間の計画には、毎週決まった曜日の放課後に学年会を開くように設定されているのですが、この日程を守っている学年はほとんどないのではないかと感じていました。そう。学年会は、予告もなく突然始まるのです。

これは会議なのだろうか？

子どもたちが下校した後、1人、2人と職員室に戻ってくる先生たち。学年の先生の過半数が席についたあたりで、学年会をいつでもスタートできる準備が整います。あとは、誰かが口火をきるのみです。「次の国語の単元のことなんですけど……」学年で相談する議題が持ちかけられた時点で、自然に会議がスタートします。「私のクラスは○○の形で進めようと思っていますよ」「ちなみに昨年度は……」というように、会議が進んでいきます。

これで何かしらの決定ができれば良い方です。この流れでよくあるのが、この議題についての結論が出たんだか出ていないんだかわからないまま、話題が違う方向へ流れていってしまうというケースです。なにせ、自然になんとなく始まった会議です。アジェンダがもともと決まっているわけではありません。「国語と言えば、この間○○さんがこんな発言をして……」「○○さん、そういうの多いですよねぇ」といったように……。話題は風のように流れて広がり、いつの間に数時間が経過していることも、珍しくありませんでした。「あれ、こんな時間だ！　約束があるので失礼します」と、離脱する先生があらわれて、やがて学年会はさりげなく終了していくのです――。学年で話すことはとっても大切です。その日に起きた出来事や、気になる事柄について、学年で共有したり相談し合ったりして進めていくことで、先生同士で知恵を出し合ったり協力し合ったりしながら、よりよい学級経営や学年経営に繋げていくことができます。

ですが……「会議」と「おしゃべり」ははっきりと線を引いて分けるべきだと思います。この線引きの曖昧さが、放課後の先生方の仕事の効率を下げてしまうからです。

「会議」ならば、決定を聞き逃せば学年の動きを乱してしまうことに繋がるため、きちんと出席するべきものです。ですから、たとえ印刷室で用事があっても、他学年の先生と話さなくてはいけない仕事があっても、「学年会」を優先させようとします。つまり、席を立ちづらいのです。これは、若い先生ほど感じるところなのではないでしょうか。事務仕事をしながら片手間に参加するのも失礼な気がして、手を止めて話を聞こうとする方もいるでしょう。結果、学年の先生方が帰ってからやっと自分の仕事に取り掛かれる……というようなことが起きてしまうのです。反対に、「会議」じゃないかな？　と席を外した間に決定した事項があって、全員で共有するのを忘れた結果、後でトラブルの原因になることもありました。

「おしゃべり」であるならば、自分の仕事を進めながら参加してもいいし、忙しければ参加しなくてもよいものです。どうしても集中して仕事をしたいと感じれば、教室に行くなど、作業をする場所を変えることもできます。**「会議」と「おしゃべり」の違いは、その話題が「学年全員で話し、決定をしなければいけない事項かどうか」で区別**できます。

先程の例で考えてみましょう。「次の国語の単元のことですが……」この時点で、国語の単元のやり方を学年でどうすればよいのか話し合いたいのであれば、これは「会議」で話されるべき内容です。「それ、次の学年会で話し合おうか。議題に付け足しておこう」こうすることで、先程挙げたような事態を防ぐことができます。

緊急で話さなければいけない内容がある場合、時間と内容をはっきりと伝える必要があります。「緊急で学年会を開きたいです。今日の16時から30分間。○○について話すので、職員室に来てください」。話すべき内容が話せたところで区切りを明確にします。「学年会はここまでにしましょう」こうすることで、全員で話すべき内容を全員で共有でき、それ以外の時間をそれぞれの先生が自分のペースでつかうことができます。もちろん、「おしゃべり」を気兼ねなく楽しむこともできるわけです。

この提案がしづらいと感じる先生は、ひと言確認するだけでもよいかもしれません。「今日、学年で話すことはありますか？」「1時間ほど席を離れるのですが、大丈夫ですか？」こうした確認を繰り返すことが、他の先生方の意識付けに繋がっていきます。

石川先生の
時間管理術

会議の種類を知ってムダを省く！

前節でお伝えしたように、会議は大きく4つに分けることができます。

①伝達する会議

文字通り業務内容や方針を「伝達する」つまり伝える会議です。仮に「運動会の日程」、「年末年始の休暇のお知らせ」などを伝えるなら、会議で集合させなくてもメールによる一斉送信で済みます。一方、同じ伝える案件でも「宿題の廃止について」や「部活の削減について」などの重要事項はメールで済む問題ではありません。

伝達する会議を開く際には、メールや口頭での連絡で済む案件か、会議を開くべき案件なのかを見極めることが必要です。

②アイデアを繰り出す会議

集団でアイデアを出し合う会議、いわゆるブレインストーミングです。「否定しない」「連鎖的に発想する」「自由に発言する」などのルールがあります。

この会議を開く際には、事前に議題を参加者に周知徹底させておくことが大切です。会議でいきなり「アイデアを出せ」と言われても前半は沈黙が続いて時間を無駄にしたり、会議後に良いアイデアが浮かぶなどの可能性があるためです。

③決定する会議

重要なのは、参加者に事前に案件を伝えること。その場で判断を迫ると会議の時間が長くなります。参加者が事前に内容を検討していれば会議の時間も短くなります。

また、その決定事項について必要な人選なのか？　たとえば、6年生の卒業式の案件なのに低学年を受け持つ先生まで集合させると、時間が無駄になってしまいます。

④自分の力を見せつける会議

論外の会議ですが、民間企業では多くの会社が行なっています。自分の力を誇示するために、月曜日の朝から社員を集合させたり、就業時間外に不要な会議を開いたり、営業で疲れ切って帰って来た社員を集めて中身のない会議を開いたり。

会議を開く前に「この会議が本当に必要なのか」を検討するだけで、かなりのムダな会議をなくすことができます。会議には①と③、②と③など、複合的な組み合わせの会議もあります。

開こうとする会議が、どの会議なのかを判断できれば、事前準備や人選などを的確に判断し無駄な時間を過ごす必要がなくなります。

5 資料の間違い訂正会議

みかん先生のポイント！

・「間違いは、みんなで修正するもの」という認識が「間違いがあっても大丈夫」という意識を生み出す。
・資料にのせる情報は精選して、コンパクトに。

学校の会議のかなりの時間を占めていると感じていたのは、この「資料の間違い訂正」です。なんなら、会議自体が、配られた資料の間違い探しをみんなでする時間になっているのではないかと思うこともしばしばありました。

年度や日付、時間の間違い……。その他にも担当者の名前が違っていたり、行事の曜日が違っていたり、運営委員会で変更したはずのところが直っていなかったり……。「何か質問がありますか？」からの、訂正の嵐……。言われるたびに、職員みんなで資料に赤を入れながら直していきます。

「〇月〇日4年生校外学習を、〇月△日に直してください」
「え？　どこのことですか？」
「〇ページの行事予定のところです。4年生校外学習です」

「はい、それではみなさん、○月△日4年生校外学習に訂正をお願いします」

このやりとりが何度も繰り返されます。そのくらい、資料にミスが多いのです。自慢できることではありませんが、「私が作成する資料も含めて」です(笑)。

このミスを、会議中に手書きで直していくので、うっかり聞き逃すことも多々あります。訂正が多い場合、訂正版を再度配ることになったりもします。どちらにしても、どの情報が合っているのかがわからなくなり、混乱を招く要因になっていました。そもそも、なぜこんなにも資料ミスが起こるのでしょうか。原因はいくつか考えられます。

・引き継ぎ不足

前の担当が異動するタイミングで分掌を引き継いだり、引き継ぎの時間を十分にとれなかったりしたために、何をやるのかがわからないまま資料作成をしてしまっている。

・基本は前年度の踏襲

会議の提案資料は、基本的に前年度のものを、日付や変更事項のみチョコっと修正を加えたもの。提案資料は基本的に、書かれている情報量が多い。そのために起こる修正漏れ(最初に書かれた日程は直したが、途中に出てくる日程を直し忘れるなど)。

・PC操作が苦手

PC操作が苦手な方が資料作成を行ったために生じる、1行ズレや変換ミス。

負の連鎖にストップをかける

1番の原因は、全体に漂っている「ミスがあって当たり前の雰囲気」にあると思います。「間違いは、会議中にみんなで修正するもの」という認識で資料を作成した場合、ミスは減りません。クラスの事務作業や授業準備で忙しい中、その合間を縫って作成する会議資料です。できる限り短時間で済ませたいのです。間違いがあっても大丈夫な資料のために、ミスを減らすための工夫はしません。結果、会議中の時間が「資料の間違い訂正」にとられてしまう負の連鎖を繰り返してしまうのだと思います。

この負の連鎖をストップするためには、この雰囲気を変えていくための一工夫が必要なのではないでしょうか。

①会議資料を作成する際、情報量を精選していく

資料を作成するときに、重複している部分や、もう古いなと感じる情報を減らしていきます。私は自分が担当していた会議資料は、毎回これをしていました。10ページほどあったものを半分以下にしたこともありました。こうすることで、自分のミスを減らしていくことができます。また、次に引き継ぐ先生にとっても、修正しやすい資料にしていくことに繋がります。

②会議中の間違い訂正をやめる

その場でどうしても必要な訂正部分以外は、会議中に修正する必要はありません。このまま放っておくと、混乱が生じる可能性がある部分のみ、修正が必要になります。自分が発言する際には、それを区別するようにしていました。

他にも、「間違い訂正」が多く起こりやすいものについては、会議前にその資料を学年主任が確認できるようにするなどして、事前の修正を試みる、という方法もあります。

また、自分が司会として、会議中の質問を受ける際には、たくさんの手が挙がった時点で「議論が必要かどうか」を確認し、「間違い訂正」の場合には、会議終了後に担当者に伝えてもらうようにし、その部分を修正したものを配り直すだけにするというように、進め方を工夫してみるとよいのではないでしょうか。

そうはいっても忙しい中、なかなかうまくいかないことも多いと思います。長年続いている慣習に対してストップをかけるのには、エネルギーが要ります。しかし、「ミスがあって当たり前の雰囲気」を「それを減らすためにどうしたらいいか」を考える先生が1人でも増えていけば、少しずつ会議の内容は変わってくるものです。

石川先生の
時間管理術

テンプレートでミスを防ぐ！

学校の会議で、「資料の間違いや訂正」とともに多いのが「抜け、漏れ」です。集合時間が抜けていた、場所が抜けていた、そのたびに修正したり追加したり。「調べて後日、連絡します」なんて言われたら、その場でスケジュール管理もできなくなり、ストレスを感じます。

学校でも民間企業でもそうですが、電話を受けたとき。取次ぐ相手が外出中や、他の電話に出ている最中なら、後で連絡をとりやすいように伝言をメモにして残します。そのときにメモ紙に書くだけだと会社名を聞いたのに担当者名を聞き忘れたり、連絡先を聞かなかったりと「抜け、漏れ」を起こすことがあります。

私も新入社員への教育が行き届かなかったばかりに、「佐藤さんから電話がありました」というメモだけが、机の上に置いてあったことがあります。

後日、改めて聞いても新情報は「男性の声だった」ということだけ。「よりによって佐藤。かなり広範囲に佐藤という取引先があるんだけど」と思いつつ、結局誰か分からず、この事件は迷宮入りになりました。

このようなミスがないように多くの会社で電話メモのテンプレートを採用しています。

私の勤めている建設会社でも、二度と同じようなミスがないように、**①日時　②誰から　③用件　④先方の電話番号　⑤先方の電話番号を登録していたら短縮番号　⑥誰が受けたか　の6項目の欄があるテンプレート**をつかいました。

以前はA6（A4の4分の1）のメモ用紙でつくっていました。しかし小さすぎて紛失する恐れもありました。そこで書類箱に保管しやすいようにA4サイズに変え、テンプレートを印刷して利用しています。短縮番号を書いておくことで、1秒でも速く先方に連絡をすることもできます。

何ごとも最初は大変です。私も電話メモのテンプレートの必要性を感じながらも、面倒なので後回しにしていました。しかし一度作成してしまえば、次からは楽になります。

メモ紙に記入するだけだと、先方の連絡先を聞き忘れて過去にもらった名刺を探したり、担当者の名前を聞き忘れて先方に問い合わせたりと、結果的に仕事が遅くなる場合もあるのです。

電話メモのテンプレート。

会議でつかう報告書類にも応用がきくのです。

報告書はA4用紙1枚にまとめる

私が入社した当時は、報告書類の用紙サイズ自体がA4、B5と統一感がなく見づらいものでした。

課長に昇進したときにはA4サイズに統一されていましたが、会議でつかう資料の書き方がポイントを絞っている簡潔なものから、何十枚にも及ぶ論文形式のものまで、発表者によって多種多様でした。これでは参加者が、報告書類ごとに、どこに何が書いてあるのかを探すことから始めなければなりません。探すたびに時間がかかり、会議の時間も長くなります。

そこで提案したのが「**報告書はA4用紙1枚にまとめる**」こと。そして用紙に書く内容、書く順番も「6W4H」に統一することを提案しました。

情報伝達のポイントをまとめた用語に、5つのWと1つのHの頭文字をまとめた「5W1H」がありますが、少し改良を加えたものを会社の統一報告書にしました。

①When……いつ、いつから
②Where……どこで
③Who……誰が

④Whom……誰に
⑤What……何を
⑥Why……なぜ
⑦How……どのように（手段）
⑧How much……いくらで（金額）
⑨How long……どのくらいの期間で
⑩Hoka……ほか（その他、上記以外伝える事があれば）

⑩は愛嬌で、Hoka（ほか）つまり備考欄のことですが、報告書を統一することで、どこに何が書いてあるか参加者が一目でわかるようになりました。シンプルイズベスト。1枚の用紙にまとまっていれば無駄な言葉も削ぎ落とすことができます。

報告内容によっては「金額」がなかったり「誰に」がなかったりしますが、その場合は空欄にしておきます。参加者の興味も「予算」「誰が行なうか」「期間はいつまでか」など知りたい対象が様々です。資料を統一することで、一瞬で自分の興味のある箇所を見つけることができ、格段に会議のスピードが速くなりました。

CHAPTER 3

コメントの記入時間×生徒人数＝労働時間

「子どもたちに学校生活を楽しんでほしい」そう思えば思うほど、「あれも、これも」と仕事が増えていくのが、教師のお仕事です。「これで○K」と思える区切りはなく、際限なく、仕事は増え続けます。

その結果、疲労困憊してイライラして「せっかくこんなにやっているのに、その態度は何!?」と怒りが爆発してしまうことも……。これでは本末転倒です。以前の私が、まさにその状態でした。

実は、この「子どもたちのため」の中身が、大きなカギを握っています。「子どもたちのため」に考えれば考えるほど、先生のお仕事が減り、時間と心の余裕が生まれていく……。第3章では、そんな魔法のような仕事術をご紹介していきたいと思います。

「1」こころしてつけるものと差別化

みかん先生のポイント！
・コメントは、明確な優先順位で挑む。
・子どもたちに合った、ホットな生のリアクションは、コメント以上の効果を生む。

作文、振り返りの感想文、絵画、工作、自主学習ノート……。子どもたちが日々生み出す作品の数々は、先生にとってても愛おしく感じるものです。悪戦苦闘しながら真剣に取り組んでいた姿を見ているからこそ、一つひとつに心を込めてコメントをつけたくなってしまうものです。「がんばってつくったのに、コメントがなかったらがっかりしてしまうかもしれない」「コメントがなかったら次へのやる気がなくなってしまうかもしれない……」そう思うと、コメントなしに作品を返却するのはなんとなく申し訳ない気がして、せっせとペンを走らせました。

『徒競走で1等賞がとれて、よかったですね。おめでとう！　〇〇さんのドキドキが、文章からよく伝わってきました。来年の運動会も楽しみですね。応援しています』

とても丁寧で心のこもったコメントです。原稿用紙を受け取ったときの、子どもたちのうれしそうな笑顔が浮かびます。しかし、このコメントを35人学級で全員に返そうとすると、2,500文字にも及ぶ執筆活動を開始することになります。原稿用紙にして5枚半。

最初は喜々として取り掛かり始めたものの、後半には腕の動きも鈍くなり、残された原稿用紙の束を眺めては、「あと〇人……」と溜息をつくことになるのです。「今日はもう遅いから続きはまた明日……」と棚に閉まってしまったら最後、学期末まで放ってしまうことも、しばしば。1章でも触れましたが、これらのコメントは、子どもたちが作品を提出してから日数が経てば経つほど、コメントの効果は薄れていってしまいます。コメントはないよりはあった方がよいのは確かです。すべてにコメントを入れられたらどんなにいいかと思います。しかし、すべてにコメントを入れていたら、時間はいくらあっても足りません。

先生方の就業時間はだいたい8時~17時。子どもたちは8時前から登校してきて、下校するのは16時ごろです。空き時間などを加味しても、先生たちがこういった事務作業に当てられる時間は、1日2時間程といったところでしょうか。その中に先程の会議が入ってくるわけですから、実際は2時間もありません。コメントについても、明確な優先順位をもって取捨選択をしていく必要があります。

心してコメントをつけるもの

①時間と労力がかかっているもの
②子どもたちの想いが詰まっているもの
長期休業中にびっしりと書かれた一行日記。必死で練習した運動会や、クラスで問題が起こった後にその子が想いを綴った感想文……。

こういった、気持ちの高まりを感じる作品へのコメントは、なるべく早く、同じ熱量で返せるように心がけていました。どうしても時間がないときには、その子を呼んで、「すごく感動したよ。お返事を返すのが少し遅くなってしまうけれど、〇〇さんの気持ちはしっかり伝わってきたからね」と声をかけるようにしていました。その子の熱量によって、コメントの量や有無には差をつけていましたし、そのことも子どもたちに話してありました。

内容に応じて評価をつけて返すもの

授業のノートや、自主学習ノート、学習への振り返りカードについては、A、B、Cの評価や花丸に変化をつけて返していました。課題に取り組む際と返却する際に、その評価基準を明確にすることで、子どもたちは自然とA以上を目指すようになっていきます。

AA・・・感動レベル。筆者の1番伝えたかったことを自分なりに考察して自分の考えが書いてある。文量も多い。

A・・・すばらしい！　文章の内容をよく読み取って考えが書けている。

BB・・・おしい！　あと少しでAになる。

B・・・OK。合格。

C・・・もうすこしがんばりましょう。

評価をつけるだけなので、作業時間としては10分程度で終わります。そのため、提出されたノートは基本的にはその日のうちに子どもたちの手元に返すことができ、効果的なフィードバックへと繋げていくことができます。

文量や丁寧さのみを見てスタンプや花丸で返すもの

ちょっとした行事の感想など、本人たちの想い入れは特になく、「こういったことを書くとよい」といったような評価基準が存在しない作品については、第1章で述べたカードの類と同じように、スタンプや花丸に変化をつけて返します。

すばらしい！　スタンプ‥特にたくさん書けている。丁寧に取り組んでいる。

いいね！　スタンプ‥‥‥満足いく量で書けている。

ＯＫ！　スタンプ‥‥‥‥少な目ではあるけれど、書けているからＯＫ！

また、こういった類の文章を書くことが苦手な子が、「楽しかった」といったようなひと言しか感想を書かなかったとしても、「もう少し詳しく書きましょう」といったようなコメントはしていませんでした。もし私がその子だったら、そのコメントをもらっても、「よし！　詳しく書こう！」とは思わないだろうと思うからです。それよりも、次に同じような感想を書く機会があったときに、その子のそばに言って声をかけるようにしていました。「特にどこが楽しかったの？　そうなんだ！　いいね！　それを書き足せばいいんだよ！」

コメント以上の効果を生む、ホットなリアクションを乱射する

子どもたちにとって、先生からもらうコメントはうれしいものですが、それと同じくらいの効果を発揮する、手軽にできて時間がかからないものがあるのをご存じですか。それが、「ホットなリアクション」です。私は、子どもたちが作品づくりに取り組んでいる間、この「ホットなリアクション」を日々大量乱射するように心がけていました。

作業中の子どもたちの机の間を練り歩き、いいところを見つけてつぶやきまくるのです。

「たくさん書けてるね！」

「へぇ〜〜!!　そこに気づいたんだ！　すてきだ！」

「おおーーーー!!　なるほど！　そう思ったんだね。いいなぁ！」

子どもたちが提出しはじめると、さっと目を通し、ここでもひたすらリアクションをし続けます。

「これ！　おもしろい！　思わず笑っちゃうね！」

「書き出しからセンスを感じるなぁ」

「語彙が豊かですてき！　さすがだね」

このときの、はにかんだような子どもたちの反応は、たまらなく素敵です。

石川先生の
時間管理術

何に注力すべきかを考える！

子どもに成長してほしい、成績を伸ばしたい、学校生活を楽しんでもらいたい。素晴らしい志を持っている先生が陥りがちな罠。

それは、時間は限られているのに注力すべき順番を間違えてしまうことです。

専門学校で簿記の講師をしていたときです。受講生に少しでもやる気になってもらいたい、試験勉強を楽しんでもらいたい。そんな気持ちで、毎回行なうミニテストにコメントを書いて返却していました。連続満点なら褒め、点数が下がれば叱咤激励し、仕事が忙しくて復習できないようなら共感し寄り添い……1人につき5行以上。

しかし、心のこもったコメントをすればするほど、合格率は下がっていきました。

なぜか？

注力すべき順番を間違えていたからです。

100名以上いる受講生に対して、一人ひとりに心を込めてコメントを書いていく。

そこに時間をかけるあまりに、対面での質問に対応する時間がとれなくなり、言葉をかけることが少なくなっていったのです。

ミニテストにコメントを残すのは、講師からの一方通行でしかありません。受講生からのフィードバックもありません。

会話によるコミュニケーションなら、ダイレクトに受講生の悩みを聞くことができます。しかも文章を書くより早く、お互いの情報量も多くなります。

そこに気がついた私は、みかん先生のようにミニテストでは、スタンプや花丸をつけて対応していきました。

今までは、受講生100人に対して、週2回のミニテスト、1人に対するコメントが平均3分だったので、100人×2回×3分＝600分（10時間）かかりました。個人情報なので自宅に持ち帰って作成することは、できません。スタンプや花丸なら、1人あたり約10秒なので、30分で終えることができます（100人×2回×10秒＝2000秒）。

浮いた時間を声掛けや質問対応につかうことができます。受講生の苦手な問題や進み具合も確認でき、再び合格率も上がっていきました。

例外が1つだけあります。試験の前日。「試験に挑む心構え」や「受験上の注意点」を書いた手紙を卒業証書のように一人ひとりに手渡します。受講生が受験生になり、最後は合格者になれるよう願いを込めて渡します。

2

間違い探しよりも丁寧さでカバー！

みかん先生のポイント！

・「間違いチェック」をがんばらず、子ども自身ががんばる仕かけをつくる。
・①学ぶ目的を伝える　②正しい練習方法を伝える　③がんばったことを見える化する。

　子どもたちが提出する毎日の宿題。この宿題への赤入れも、「子どもたちのために、間違いをそのままにしないように、しっかりチェックしなくては！」と思うと、かなりの時間を要するやっかいなお仕事です。

　中でも、私が先生方からよく質問を受けるのが、漢字ノートのチェックの仕方について。「間違っている字はないか」「止め、はね、払いができているか」「形は整っているか」「送り仮名は？」「読み仮名は？」……。これら一つひとつを丁寧に見ようとするとかなりの時間がかかります。間違いを見つけて、正しい字を赤で書き、付箋をつけて返す毎日。やれどもやれども、間違える子は懲りもせず間違い続けるし、日を追うごとに雑に取り組む子が増えていく……。「こんなに丁寧に見ているのに、なぜ？」と虚しくなってしまったこと、ありませんか？

この先生のがんばりが、子どもたちの漢字への苦手意識を増やし、漢字嫌いにさせてしまう大きな要因になってしまっているとしたら、どうでしょう。「そんなはずはない、間違いをそのままにしてしまっては、その子のためにならないじゃないか」と、感じるかもしれません。私もずっと、そう思っていました。

子どもたちの立場を、自分に置き換えて考えてみる

ある年度から、「初めて目にするような新しい文字を毎日練習して校長先生に提出するように」という課題が、先生たちに出されました。それがいったい何の役に立つかはよくわかりません。とにかく毎日決められた量を練習しなければならないとのこと。提出をすると、間違っているところにチェックがつき、「間違いを直して再提出するように」と直されて返ってきます。これが毎日繰り返されるわけです。「忙しい中やっているのに、うるさいなぁ」と煩わしく思う人もいるかもしれません。「またチェックされると嫌だから、間違えないようにしなくちゃ……」とプレッシャーに感じる人もいるでしょう。少なくとも、この状況の中で、「この課題楽しい！　やる気が湧いてきた！」という人はあまりいないのではないでしょうか？　これと同じことが、子どもたちに起こっているのです。このままで

は、「先生が間違いを指摘してくるから間違えないようにする」「間違いばっかり指摘されてつまらない……」そんな意識ばかりが育っていってしまいます。

そもそも、子どもたちにとって、漢字を正しく覚えることはどんなよいことに繋がるのでしょうか。また、漢字を正しく覚えないことで、将来どんなことに困ってしまうのでしょうか。そのことは、どのくらい子どもたちに伝わっていますか。何のためにやっているのかよくわからないことに対して、人は意欲的に取り組みづらいものです。私は4月、その学年で初めて漢字を学習する際に、必ず次のように子どもたちに話すようにしていました。

「たくさんの漢字を正しく読むことができるようになると、触れられる知識の量がぐんと増えます。知りたいと思ったことを、どんどん自分の力で吸収していくことができるようになります。そして、誰かに何かを伝えようとするときに、漢字が正しくつかえていなかったり、ひらがなばかりの文章を書くと、相手から信頼されなかったり、幼稚な印象を持たれてしまうことがあります。将来活躍していくみなさんですから、漢字の勉強はとっても大切なんです」

このように**「学ぶ目的」について伝え続けること**で、子どもたちの漢字に対する意識は変わっていきます。**「やらされるもの」**ではなく、**「自分のためにやるもの」**になっていくのです。

どのように練習すれば、正しく漢字を覚えることができるのか

間違いは先生が見つけてあげるものではありません。正しい練習方法を知り、自分で間違いに気づき、間違えないように工夫できるようにすることこそ、子どもたちに育ませたい力なのではないでしょうか。漢字の字形を正しく覚えるためには、練習をする際に、その漢字をよく見て、一画一画丁寧に練習する習慣を身につけることが大切です。

私は、この習慣を身につける手助けができるように、「漢字が合っているか間違っているか」「止め、はね、払いができているか」ではなく、「丁寧に書けているか」に焦点を当ててチェックをして返すようにしていました。もちろん、「丁寧に練習することの大切さ」と、「そのことで評価が返ってくること」を、子どもたちによく説明をした上で、です。

漢字コツコツ美文字で賞～花丸選手権～

キラキラ太陽花丸・・・感動レベル。美しすぎて美文字プロになれます。
ちょうちょ花丸・・・・すばらしい！　丁寧ですてき！
植木鉢花丸・・・・・・いいね！　読みやすい！
にっこり花丸・・・・・・OK！　合格！

ただの花丸………ふつうです。
花がない丸………もう少し丁寧に書けるよ！

こうすると、少しでも上の花丸を目指して漢字練習に丁寧に取り組む子がぐんと増えます。漢字ノートが返却されると、待ってましたとばかりにノートを開く子どもたちから、歓声があがります。

「やったー!!　太陽ゲットしたぞー!!」「連続ちょうちょだ！」

丁寧に練習しているので、自然と漢字間違えは減っていきます。もちろん、「止め、はね、払い」もバッチリです。「先生のおかげで字がキレイになって……」とお家の方から感謝された回数は数えきれません。漢字が苦手だった子も、ぐんぐん点数を上げていくようになります。練習の仕方のコツをつかみ、楽しく練習できるようになるからなのでしょう。

これだけ効果があるにも関わらず、私が見るのは「前回と比べて丁寧さがどうなっているか」のみ。1人のノートに書ける時間は3秒ほどでしょうか。5分とかからずチェックは終わります。子どもたちが将来自分の力で生きていく力を育むために、大人ががんばりすぎないことが大切です。

石川先生の
時間管理術

「どうしたら」のひと言で、人は成長する

ダメなリーダーと、仕事ができるリーダーの違いは、社員の育成にもあらわれます。たとえば、新入社員が遅刻して来たとき。「どうして、遅刻したんだ！」とリーダーがたずね、部下が「寝坊しました！」と答えた場合。

ダメなリーダーは、「言い訳するな！」と叱ります。「どうして？」と聞いておきながら「言い訳するな！」と言ってしまう矛盾に気づかず、感情で叱ります。

一方、仕事ができるリーダーは、「じゃあ、どうしたら、遅刻しないと思う」と問いかけ、部下に考える時間をあたえます。

問いかけられた部下は、「最近、夜更かししていたので早く寝るようにします」、「目覚まし時計の音が小さいので、新しい目覚まし時計に買い替えるようにします」など、解決策を自ら考えるようになるのです。

部下がミスしたとき、「どうして、ミスしたんだ！」とたずね、「スイマセン！」と答えたら、ダメなリーダーは、「スイマセンじゃなくて、申し訳ございませんだろ！」と論点がずれたことを言い出します。

一方、仕事ができるリーダーは、「じゃあ、どうしたら、ミスしなくなると思う」と問いかけ、部下に考えさせます。

部下は、「見直していませんでした。次回から見直すようにします」、「期限ギリギリに作成せず、余裕を持って作成し、中間で先輩に確認してもらうようにします」など、解決策を自ら考えるようになるのです。

「どうして！　どうして！　どうして！」と言い続けると、部下は萎縮します。「どうして！」のあとに、「どうしたら」を付けくわえると、部下は成長するのです。

コンサルタントで顧問先に訪問したとき、「部下が何度言っても同じ失敗を繰り返す」と嘆くリーダーがいました。このようなリーダーは「どうして！」しか問いません。

部下は萎縮し、頭が真っ白になり、謝罪することしか浮かばず、どうしたら失敗しないか考える余裕もなく、同じ失敗を何度も繰り返すようになるのです。

子どもも一緒です。みかん先生の言うように、どうしたら正しい漢字を覚えることができるのか、自ら気づき考え、工夫できる能力を身に付けることが、子どもたちの成長につながります。成長した子どもは、自主性も生まれ、こちらから言わなくても進んで物事を行うようになります。結果、先生の時間も増えるのです。

3

提出物の管理に完璧を求めない

みかん先生のポイント！

・提出物を完璧に管理しようとすればするほど、自分の首がしまることに。
・忘れた子どもは、自らの意思で立ち、どうするかを宣言する。

教室でよく目にする提出物チェック表。提出物が出せていない子の名前がずらーっと書いてあったり、忘れ物チェック名簿の名前欄に×《バツ》がたくさんついている子がいたり……。

これらを管理し、声をかけ、提出まで導かなければいけない先生たちの気苦労は相当なものです。出させようとしたら、そのプリント自体を紛失しているなんてことは日常茶飯事。そうこうしている間に、新たな提出物が増え、もうなにがなにやら…といった具合です。

私もこの提出物や持ち物管理には長年頭を悩ませてきました。このリストに名を連ねる子たちが、「よし！　やるぞ！」と奮起して、スッキリ解決できる日は来るのだろうか……と気が遠くなる思いがしていたものです。

「いいかげん出しなさい！」と先生に怒られ、やがてお家の方に連絡がいき、「何やってるの！」と家でも注意をされて、何とか学年の終わりには提出できるように叱咤激励を繰り返さなければいけない。それでも用意をさせることができずに、「次の学年ではがんばりなさい」とお茶を濁して終わることも多々……。「なぁなぁにしてはいけない」と、完璧に管理しようとすればするほど、自分の首がしまっていくのを感じました。チェックミスがあれば、「なんであの子は怒られていないのに自分は注意されたのか」という不満を生んでしまうし、いつ出すのかと催促し続けることは、決して気持ちのよいことではありません。

提出物の管理を通して、子どもたちに身につけてほしい力とは何か

こちらが提出状況を把握し、声をかけ続け、提出まで導く任務を追うことは、子どもたちに、「提出物は誰かが管理してくれるもので、最終的には誰かが何とかしてくれるもの」という学習をさせてしまうことにもなりかねません。また、できていない子の名前を貼り出して叱責することで、提出物を溜め込んでしまう罪悪感を味わわせることが、マイナスに働いてしまう部分もあると感じていました。

もちろん、「こうならないように、きちんと提出をしよう！」と意識させる効果はあると思います。「忘れ物をしたり、提出期限を過ぎることは悪いことだから、気をつけよう」と

思うことで、これらを守れる子を増やすことができるわけです。

一方で、提出物が提出できないために学校に行きづらくなり、不登校になる生徒が増えているという話を、中学校の先生から聞きました。提出しなければならないものが提出できないままどっさり溜まっていく感覚は、誰にとっても憂鬱なものだと思います。溜まれば溜まるほど、それに立ち向かう気力は削がれていき、罪悪感に苛まれる日々……。やがて学校から足が遠のいてしまう子がいても、おかしくないと私も思います。私たちは、子どもたちが将来社会に出たときに、「完璧に提出期日を守り、忘れ物をしない人」を育てようとしているのではないはずです（私はそんな立派な大人ではありません）。

それよりも大切なのは、自分の提出物について「自分で何とかしよう」と工夫したり、「期限に間に合わなかったときにどうするか」を自ら考え対処したりする力の方です。

もちろん、提出期限は守れるに越したことはないし、忘れ物もしない方がいいに決まっています。でも、忘れ物くらい誰だってしてしまいます。忘れ物をしてしまったときに、バレないようにごまかすのではなく、なんとか善処しようとする心意気の方が大切なのではないでしょうか。こう考えるようになってから、私は提出物や持ち物管理をこちらが完璧に管理しようとすることをやめました。

子どもたち自身に考えてもらう

提出日。すでに提出されている子どもの名前を自分の帳簿にチェックをしつつ、子どもたちに問いかけます。「今提出できていない人、立ってください。どうするかを話してください」提出していない子どもたちは自らの意思で立ち、どうするかを宣言していきます（このとき、立ち忘れているうっかりさんは、こちらから声をかけます）。「すみません。今週中に終わらせて提出します」「家にノートを忘れてきてしまいました。明日には提出します」といった具合です（私は帳簿のその子の欄に、「金曜提出」「明日提出」といったようにメモをしておきます）。このときに、内容に不安があったり、進めづらい部分がある場合はそのことを相談することが大事だとも伝えていました。

「やろうとしたのですが、何を書いていいかわからなかったので、休み時間に先生に相談しに行きます」という場合もあるわけです。「期限に提出できなそうだと思ったら、事前にそのことを相談できるともっといい」ということも話していました。「明日提出の〇〇ですが、このままでは提出できそうにありません。来週月曜日までまっていただくことはできますか？」と、自分で言いに来られるようになるのです。これですべてが解決するわけではありませんが、自分で宣言したことの方が、人は守ろうとするものです。

宣言した期日を過ぎても提出がない場合は声をかけます。「他の人が提出しているものを出さない場合は、成績に影響することもあり得ること」「こういったことを繰り返すことは、信用を失うことに繋がること」を話し、どうするかを本人に決めてもらいます。ここで本人が選ぶことが、「途中まででもやってあるところまでを見てもらう」でも、「家では無理そうなので、昼休みに進めるから先生に手伝ってもらいたい」でもよいわけです。どの部分でつまづいているのかを本人と話し、**できる援助をしながら、本人がどうするかを決めていくことが大切だ**と考えていました。

こうすることで、提出物管理のストレスは激減しました。そして、最後まで提出しない子はいなくなりました。その子なりに、提出物とつき合っていけるようになっていくのです。

石川先生の
時間管理術

説得ではなく、納得できる状況を

「人は説得しても動かない。納得したら動く」という言葉があります。

「嫌われる勇気」の著者、古賀《こが》史健《ふみたけ》さんも、説得は押しのアプローチであるといって、以下のように表現しています。

「人間の心理は、強く押されると反発するようにできている。10の力で押された読者は、条件反射のように10の力で押し返すのだ。だから、上から押さえつけるような説得に対しては、読者は必ず反発する。押したら押しただけ、反発してくる」

（『20歳の自分に受けさせたい文章講義』星海社）

動かないどころか、説得することで反発され、逆効果になる可能性もあるのです。

それでも社会人なら、たとえ納得できなくても、「上司の命令は絶対」とばかりに、イヤイヤでも動きます。年功序列、終身雇用の時代は、そんな傾向が、より強かった。

子どもの世界では、どうでしょうか？

大人の世界ほど強制力が働きません。説得されても抵抗するし、たとえ最初は動いても、納得していないので、飽きがきて集中力も続かず、動きも遅くなります。「宿題を提出しなさい！」「忘れ物をなくしなさい！」「いいかげんにしなさい」と先生に怒られ、自宅に連絡がいき、親に叱られ、説得されて、やっと提出したところで根本的な解決にはなりません。納得していないので次の提出物でも同じことを繰り返すのです。

前節では、「どうして！」のあとに「どうしたら！」を付けくわえることで、人は成長するとお伝えしました。

「どうしたら！」という問いかけは、自ら解決策を考えるということです。**自分で考え出して見つけた答えは、納得して出したものです。納得すれば人は動く。**

みかん先生の言うように、

・子どもたち自身で考えてもらう時間をつくる。

・自分の意思で、どうするかを宣言してもらう。

・不安な箇所や、進めづらい部分は、先生に相談する。

自分で解決策を見つけ、宣言すると自主的に動き、スピードも速くなります。先生が管理する時間も減り、先生の時間を取り戻すことにもつながります。

「4」

優先順位の高いタスクを再確認

みかん先生のポイント！
・自己満足や人気取りは要注意。
・限りある時間を、何につかうのが「本当に子どもたちのためになるのか」やる仕事とやらない仕事の取捨選択。

「子どもたちを喜ばせたい」「子どもたちに何かを贈りたい」と、運動会のために手作りお守りをつくったり、学年末にペンダントをつくったり、クリスマスに折り紙でサンタさんを折ったり……。何かにつけて、クラス全員分のプレゼントを用意している先生を見かけることがあります。子どもたちを想うその気持ちはすごく素敵なものだし、プレゼントをもらえた子どもたちはとても喜ぶことでしょう。一見、誰よりも子ども想いで熱心な先生に見えます。

プレゼントの効果と行く末を考えてみる

でも……見方を変えると、1人分のペンダント制作にかかる時間を10分とすると、35人分つくるのには、350分かかります。つまり、約6時間をこの作業に費やすわけです。

そこまでしてつくったプレゼントを受け取ることで、子どもたちにどんなよいことがあるのだろう、と考えると、「先生から子どもたちへの手の込んだ全員分の贈り物」に違和感を感じてしまうのです。これらのプレゼントは、子どもたちの手に渡った後、どうなるのでしょうか。1年くらいはお部屋に飾っておいてもらえるものでしょうか。むしろ、翌日にはゴミになっている場合もあるように思います。誤解を恐れずに言えば、こういったプレゼントは、子どもたちの先生への好感度を上げることには一役買ってくれるとは思いますが、それ以上でもそれ以下でもないように思うのです。

プレゼントの他にも、始業式や終業式の黒板全面にアニメのキャラクターを描くのに、数時間をかける先生もおり、Twitter や Instagram に画像がアップされているのを、目にします。それはもう見事で感動的です。ですが、時間をかけるべきところは本当にそこなのだろうか……と思ってしまうところがあります。もちろん、時間の使い方はそれぞれ先生自身が選ぶことですから、周りがとやかく言うことではありません。ただ、「ペンダントづくりに時間かかっちゃって、授業準備全然できてないんだよねー」といったような話を聞くと、「いやいやいや……」とツッコミを入れたくなる自分がいました。

私が尊敬している先生が教えてくださった、こんな言葉があります。

「子どもたちのご機嫌を伺って人気とりをしているようでは、教育者とは言えない」と。

なかなか厳しい言葉です。「子どもたちと楽しくうまくやっていくために」と、こうしたご機嫌取りに走ってしまう先生が増えてきているのではないかと感じていました。下校時刻を過ぎても、教室で子どもたちとおしゃべりを楽しんでしまったり、掃除の時間に子どもたちと一緒に遊んでしまったり……。子どもたちとの関係性が崩れるのを恐れて、注意ができないのです。

崩壊状態にある学級は、大きく4つの型に分けられると言われています。そのうちの一つが、「馴れ合い型」です。この場合、担任が、とてもフレンドリーで子どもと馴れ馴れしく接しているため、教師に対する表立った反抗は見られません。しかし、教師の指示は一部しか通らず、子どもたちが主導権を握り、わがままな行動をとるようになってしまうのだそうです。

「子どもたちが喜ぶこと」に時間を費やし続けた結果が、もしも「馴れ合い型」に繋がってしまったら……悲劇です。繰り返しになりますが、時間は有限です。この限りある時間を、何につかうのが「本当に子どものためになるのか」を考え、やる仕事とやらない仕事を取捨選択していくことが大切です。

石川先生の
時間管理術

優先順位1番のタスクから取りかかる！

学生時代。中間テストの時期になると、部屋の大掃除をはじめたりしませんでしたか？ 普段しないことなのに、よりによって試験の前日に。

なぜ大掃除をするのか？ 勉強はしたくないけどテレビを見るのも格好が悪い。勉強しない言い訳のために現実逃避に大掃除を始めるのです。部屋が綺麗になりました。気分もスッキリです。額の汗をタオルで拭いてジンジャーエールの一気飲み。

充実した時間。でも……明日の試験には1点も加算されません。部屋の汚れは落ちたけど、学校の成績も落ちていく。

来週までに新規事業の企画書をつくらなければならないのに、朝から「メールの返信」、「机の上の片づけ」、「パソコンの電源を入れて情報収集という名のネットサーフィン」、「社内の人事調査という名の喫煙所での一服」、「仕事の始まりは1杯のコーヒーからしかもドリップコーヒーという拘《こだわ》り付き」、「打ち合わせという名の談笑」などに、時間を割いてしまう。たえず動いているから、なんとなく充実感はある。やった気になる。

でも、新規事業の企画書を作成するという**優先順位の高いことが1ミリも進まないまま1日が終わる。**まるでテストの前日に部屋だけは片づいた学生時代のように。

時間は限られています。好きな仕事、楽な仕事、円滑に進む仕事に時間をつかってしまうと、気づいたときには退社時間。忙しくしているつもりでも、これではいつまでたっても優先順位の高い仕事を終わらすことが、できません。

みかん先生の事例のように、「ペンダントづくりに時間がかかり、授業準備が全然できない」と言っている先生も同じです。限られた時間のなかで何をするべきか？　時間をかけるべきところは本当にそこなのか？　考える必要があります。

そんな状況にならないためにも、**優先順位の高いタスクを再確認する。**

「やること」をすべて書き出し一覧にする。限られた時間のなかで、優先順位の高いことを絞って、実行する。優先順位の低いものは、後回しかやらないと決める。

「ペンダントをつくること」は、子どもたちが笑顔になって喜ぶ素晴らしい行為です。しかし、やることを書き出してみると、優先順位は、①授業参観の準備　②テスト採点　③運動会の打合せ資料の作成の順だった。「授業参観の準備」が1番なら、そこから取りかかることが重要です。

「5」

仕事の線引きよりも任せてみる

みかん先生のポイント！

・先生にしかできないことと、子どもたちにさせてはいけないことは、意外と少ない。

先生でなければできないことってなんでしょうか？　逆に言えば、子どもたちにさせてはいけないことってどのくらいあるのでしょうか。私は、子どもたちに任せられないことの線引きを子どもたちとの間で明確にしていました。

①個人情報に関すること
②成績処理に関わること
③お金を取り扱うこと
④危険が伴うこと

この４つです。それ以外は、どんどん子どもたちに任せるようにしていました。

将来社会に出て活躍する人は、人の言うことだけ聞いている「指示待ち人間」ではありません。「それ、やらせてください！」「手伝います！」「やっておきました！」こんな風に自ら考え、気づき、行動する人が、メキメキ力をつけ、様々な役割を任されたり、多くの人から頼られる力を身につけていくのです。

「できる！　やれる！　と思ったことには、どんどん挑戦していってください。先生がやろうと思っていること、友だちの力になれそうなことに気づいたら、やります！　と声を上げてやってみましょう。どんどん成長していけるし、将来大活躍できる力をつけていけるよ！」

こう話すと、決まって子どもたちは目をキラキラさせるものです。

先生にしかできない仕事？

その結果、私がチェックしなければいけないことは、どんどんなくなっていきます。「それ、自分たちでできます！」と子どもたちが言ってくれるので、次から次へと任せていくわけです。たとえば……

・自主学習ノート冊数
・宿題名簿
・当番表

・掃除当番表

といったもののチェックは、すべて子どもたちが分担して行ないます。授業でつかって回収したプリントを私がチェックし始めれば、ささっと出てきて声をかけてくれる子が何人もいます。「先生、チェックしておきますよ」「名前の順にしておいた方がいいですよね。やっておきます!」それ以外にも、プールカードや持久走前体温管理表などの、私のチェックが必要なものに関しても、名前の順にそろえて職員室まで届けてくれます。私は、体温と体調の部分に目を通して印鑑を押すだけです。

翌日の時間割を確認して、教科担当の先生に準備するものを聞きに行くのも子どもたちです。それぞれの授業で必要なものも、伝えておけば子どもたちが用意してくれていました。それらの持ち物がきちんと連絡帳に書かれているかをチェックするのも子どもたちです。「先生、次の体育からサッカーですよね。用意するものはサッカーボールとビブスでいいですか?」といった具合です。運動会練習の日程表や、卒業式などの行事の練習内容が書かれたものを掲示しておけば、準備するものについての連絡も、子どもたちが確認して管理してくれていました。夏休みや冬休みの宿題も、朝のうちにすべてチェックして名前の順に並べておいてくれました。

信じて任せて見守ってみよう

私がしていたことは、子どもたちのこの心遣いを心から喜び、全身で感謝の気持ちを伝えること。「これが必要だってよくわかったね！　すごい‼」「本当に助かるよ！　みんなのおかげで今日も幸せだなぁ」「持ってきてくれたの⁉　ありがとう‼」**先生にしかできない、先生がやるべきチェックって実はそんなにないのではない**でしょうか。子どもたちには難しいからと決めつけてはいませんか？

ここでご紹介したのは、高学年の子どもたちとのやりとりですが、私は1年生を担任しているときも、「やりたい！」ということは、見守りながら、アドバイスしながら、どんどん任せるようにしていました。もちろん、任せた結果、うまくいかなくて失敗してしまうこともあります。失敗したら、「次はどうしたらうまくいくか」を一緒に考えればいいのです。結果として、私がやるよりも、子どもたちに任せた方がうまくいくことばかりでした。

任せることを不安に感じたら、まずは小さなことからでいいと思います。挑戦させてみれば、わかります。子どもたちって本当にスゴイんです。

石川先生の
時間管理術

子どもたちへの「お任せ術」

母学アカデミー学長の河村京子《かわむらきょうこ》先生。東大現役合格の長男、数学オリンピック2年連続決勝進出し京大を現役合格した次男、イギリス留学中の長女をもつ母親でもあります。

その河村先生の子育てが素晴らしい。3人の子どもたちに3歳からそれぞれに仕事を与えていたそうです。年の数だけ仕事をするので、3歳なら3個の仕事、10歳なら10個の仕事。誰が、どの仕事をするかは、子どもたちの会議で決まる。仕事の一覧表をつくり、1つずつ順番に選んでいく。「面倒だけどすぐ終わる仕事」、「時間はかかるけど簡単な仕事」など様々あり、自分の意思で選んでいく。

3歳の誕生日に、「もう今日からお兄ちゃん（お姉ちゃん）になったから、家族のために大事なお仕事をしてもらいます」と威厳を持って伝えると、子どもの中に責任感と自覚が芽生えるそうです。もちろん3歳のときには、①ごはんのスイッチをいれる　②おはしをならべる　③おふろのせんをする　など簡単なものです。

そのとき、「仕事をしたからエライ」ではなく、「家族のために仕事をしてくれて、リッパな家族の一員になった」と**子どもの存在を認める言葉をかけるのがポイント**なのだそうです。高校卒業後、子どもたちは、経済的に自立をし、学費も生活費の仕送りも必要なかったそうです。

※詳しくは『お金のこと、子どもにきちんと教えられますか？ 青春出版社』をお読みください。

みかん先生が教師時代に行なっていた「子どもたちへのお任せ術」。

個人情報や成績処理など任せられないことを明確にし、それ以外は、どんどん任せる。自主学習ノートの冊数確認、宿題名簿、当番表……。

大人も子どもも認められることが大好きです。人の役に立てていることで承認欲求が満たされます。

「この仕事、子どもたちに任せられないかな？」と考えてみてください。

先生のチェックが必要な作業であっても、名前を順番にそろえる、職員室まで届けるなど、仕事を細分化することで、子どもたちが行なえる作業を見つけることもできます。任せることは、子どもたちの自立を促し、先生の時間も増える。

一石二鳥の時間術なのです。

6

「自習」は成長への加速のチャンス

みかん先生のポイント！

・先生が動き回れば回るほど、子どもたちは動かなくなる。
・「私がいなきゃ」を手放すことで、子どもたちの成長が加速する。

「子どもたちは未完成で頼りない存在」先生がそう思えば、子どもたちはそうなります。「私がやらなきゃ」「私が言わなきゃ」「私がいなきゃ」と、先生が思えば思うほど、先生の仕事は際限なく増えていき、子どもたちは「先生がいなければ何もできない存在」になってしまうのです。

実は、自分でできることは多い

このことを私が強く実感し、私自身の「子どもたちの捉え方」を大きく変えるきっかけになったのは、1年生を担任していたときのこと。登校しぶりといわれる状態にあった子と関わる中で、あることに気がついたことがきっかけでした。

入学式翌日、校門のところでお母さんにしがみつき、動けないでいるAくん。迎えに行った私にお母さんはこう話してくださいました。

「この子は、私がいないと不安を強く感じるみたいで……。保育園にも馴れるまでにかなりの時間がかかりました。泣き出すと泣き止まないところがあります。あまり厳しくせずに、あたたかく関わってもらえますか？」

教室までお母さんが一緒に来てくださり、困ったときはお母さんがフォローしながら過ごす日が何日か続いたある日のこと。事件は起きました。お母さんが急用でお家に戻らなければならなくなってしまいました。そのとき、Aくんは友だちと一緒に校庭で遊んでおり、教室にいませんでした。「すみません！　すぐ戻りますから！」そう言って、お母さんは慌ただしく学校を出ていかれました。校庭から戻ってきて、お母さんがいないことに気づいたAくんの目が、みるみる涙でいっぱいになっていきます。まもなく、Aくんは大声を上げて泣き始めました。

「これは長丁場になりそうだな……」私がAくんに声をかけようとしたそのとき、緊急事態を知らせるサイレンがなりました。その日は、避難訓練がある日だったのです。「机の下にもぐりなさい！　地震です！　静かにして放送を聞きましょう！」緊張感を含んだ声で子どもたちに指示を出します。そのとき、ピタッと泣き止んで誰よりも早く机の下にもぐったのは、Aくんでした。

滞りなく避難までを済ませたAくんは、その日1日、お母さんのフォローなしにすべての活動を見事にやり遂げたのです。その手際のよさに感動した私は、そのままをAくんに伝えました。「なんてかっこいいんだ！」「自分でできるんだね！」「すてきだなぁ。お母さんに自慢しようね」というように。その日から、Aくんの目の色が変わりました。そこから1人で登校できるようになるまでに、時間はかかりませんでした。

それまで、「泣き出すと泣き止まない、お母さんがいないと何もできない自分」でいることが、Aくんにとって居心地のよい場所だったのでしょう。「泣けばお母さんや先生が構ってくれる」から、泣き続けたわけです。お母さんにそばにいてほしいから、「お母さんがいなきゃ何もできない」と思わせるような行動をしたわけです。決して泣きやめないわけではないのです。だから、緊急事態の放送が始まったとたん、パッと泣きやむことができたのでしょう。今はそれどころではないと察知して、泣いて気を引くことの優先順位が下がったのです。

Aくんは泣き止むことができないのではなくて、Aくん自身が「泣き止もう」と思えば一瞬で泣き止むことができるし、次の行動ができるというところを、見事に証明してくれました。

人は、やらなくていいことは基本的にやりません。また、やる必要がないと感じることもやりません。本人がやる気になったら、やる必要があると感じたら、やるのです。先生が「私がいなきゃ」と動き回れば、子どもたちが自分で考え行動する必要がなくなってしまいます。

自習は成長のチャンス

また、期待されていないことも、なかなかやろうとはしないものです。

先生が教室に不在となる自習時間の過ごし方について、黒板にびっしりと指示が書いてある光景をよく目にします。

「チャイムがなったら、プリントを日直が集めて、先生の机の上へ」
「終わっていない人がいたら、おとまりBOXへ」
「〇分には並んで音楽室へ」

という具合に、こういうときはこうするということが丁寧に順を追って書かれているわけです。「私がいなきゃ」不安だから、トラブルにならないようにという先生の心遣いが表れています。でも、この結果、子どもたちはどうなるでしょうか。

自分たちは、「先生がいなきゃ不安だから、指示をしておかなきゃならない信用できない存在」だと見られていることは、黒板から伝わってきます。自分で考える必要は感じません。「過ごし方は先生が決めるもの」であり、「指示にないことが起こったら、それは指示しなかった先生のせい」になってしまうのです。私が自習に出る際には、子どもたちにこう話していました。

「みんなの本当の力が試されるね。先生がいなくてもみんなならきっと大丈夫。いろいろ任せたよ」

子どもたちは、キラキラした目で力強く頷いてくれます。細かい指示は出しません。子どもたちが自分で考えればいいのです。**黒板に書くのは時間割と、心構え**です。

「協力して、よく考えて行動すること。応援しています。先生も出張がんばります!」

自習は、自主性を育む絶好のチャンスです。「私がいなきゃ」を手放すことで、子どもたちの成長が加速するものです。

石川先生の時間管理術

「私がいなきゃ思考」は、捨てる

「ある朝、グレゴール・ザムザが不安な夢からふと目覚めてみると、ベッドのなかで自分の姿が一匹の、とてつもなく大きな毒虫に変わってしまっているのに気がついた」

衝撃的な書き出しから始まる「カフカの変身」。

４人家族で父は事業に失敗して無職、母と妹も自宅に引きこもり。ザムザ家はグレゴールの収入だけで生活していました。家は貸すほど大きく、女中を雇うほど裕福。しかしグレゴールが虫に変わったため、収入源を失った一家は、両親と妹が働く羽目になります。やがて家族は今までの恩も忘れグレゴールを世話するのが面倒になりました。食料を与えなくなり、ついに主人公は息絶えます。死体を片付けた3人は、新しい出発を祝うかのようにピクニックに出かけ笑顔で食事をする。

はじめて「あらすじ」を知ったときは、一体何を伝えたいのかわかりませんでした。中学生のときに読書感想文で出題されたときは、人間が巨大な虫に変わっていく様《さま》を描いたこの作品をどう理解し、どのように感想を書けばいいのかわからず苦労しました。

あれから40年経ち、改めて読み返してみると、「**グレゴールの働きに依存していた家族が、自立することで働く喜びを取り戻し、充実した生活を楽しみ、それぞれが輝き出したことを表現している**」と新たな見解に行きつきました。

文中では、今まで役に立たず兄に依存していた妹が、店員の仕事を見つけます。出世するために速記とフランス語の勉強も始めます。

ベッドに伏せていた父は金ボタンのついた制服を着こんで往年の威厳を取り戻します。主人公の死後、ピクニックに出かけた3人は、自分たちの仕事がますます有望だと将来の夢を語り合います。

つまり主人公が家族を楽にするために**1人で一生懸命に働いていたことが、逆に家族の自立を阻害し、生きる力を失わせていた。**それはまるで害虫のようだと、カフカは表現したかったのではないでしょうか？（私の個人的な見解です）

「私がいなきゃ思考」も似ているものがあります。「私がやらなきゃ」、「私が言わなきゃ」、「私がいなきゃ」は、子どもたちの自立を阻害します。先生の仕事も際限なく増えていくのです。みかん先生の言うように、「私がいなきゃ」を手放して、子どもたちの成長を加速させましょう。

CHAPTER 4

子どもたちとの信頼関係構築こそが時間管理の礎

「子どもたちに任せたいけれど、そううまくはいかないですよ」

「言うことを聞かない子はいるし、日々トラブルは起こるし、保護者対応にだって時間がかかる……。任せない方が楽なんです」

「子どもたちにやる気がないのに何かを任せようとしても、上手くいく気がしないんです……」

先生方から、このような相談をたくさんいただきます。

そうなんです！

ある時期にしておかなければいけないことをせずに、そのチャンスを逃してしまうと、何もかもがうまくいかなくなるループにハマってしまうことがあるのが、学級運営なのです。時間をかけるべき時期に惜しまず時間をかけて、うまくいく土台をつくる必要があります。

この重要な時期に当たるのが、年度初めである４月です。この４月は、残業大歓迎！　私は、この時期の残業は必須と捉えて遅くまで仕事をしまくっていました。

「１年の計は元旦にあり」改め、「１年の学級経営の計は４月にあり」。第４章では、この４月に何をすべきかをご紹介していきます。

1

始業式の優先すべきことトップ3

みかん先生のポイント！
・始業式の日から始まる黄金の3日間で必ずやることを実践。
・残業大歓迎！　急がば回れで1年間の準備に全力を注ぐ。

新学期の始業式の日は、1年の中で最も大切な日です。ここからの3日間を、学校業界では黄金の3日間と呼んでいます。この期間に絶対にやらなければならないことが3つあります。それができるかできないかで、この1年を大きく左右していくことになるのです。順番にご説明していきたいと思います。

子どもたちの「できる！」を当たり前にする！　承認のシャワー

初対面の日からひどい態度をとる子は稀です。どんなにやんちゃな子でも、たいてい1番最初の始業式の日は、席に座って大人しくしているものです。このチャンスを逃してはいけません。「姿勢がすばらしいね！」「周りをよく見ているね！」「さすが○年生！」「これなら安心だ！」という承認のシャワーをとめどなく注ぎます。

私は、４月の最初の３日間で、全員に３回以上は声をかけると決めていました。名簿を見て、「言っていない子はいないか」をチェックしながら、子どもたちのよいところを伝えていきます。その子の様子を観察して、「いいな」と感じたところを言葉にして伝えまくるのです。誰かから「いいね！」と認められることは、誰だってうれしいものです。その上で、クラス全体に話します。

「私は、この〇年〇組の担任の先生になれて、うれしいです。それは、みんなとだったら何でもできる！　って、今日のみんなの様子を見ていて思ったからです。これからの1年間がとっても楽しみです。よろしくお願いします！」

心を込めて、わくわくを込めて……。そうすることで、子どもたちが「自分たちはできるんだ！」と思えることを、当たり前にしていきます。

ビジョンを示す

先生がつくりたい学級は、どんなクラスですか。この1年間で、どんなことを成し遂げたいですか。担任の先生は、クラスのリーダーとしての役割を担っています。そのリーダーが明確なビジョンをもっているか否かは、クラスの子どもたちのモチベーションに大きく影響します。

たとえば、職員室で、年度の初日に校長先生からこんなことを言われたらどうでしょう。

「1年間、とにかく問題を起こさず、日々の業務をこなすようにしてください」

私だったらげんなりです。この校長先生は、頼りにならなそうだなぁと感じます。

では、これはどうですか？

「この1年間、みなさんが思う学校をつくっていってください。みなさんの自由です」

悪くはありませんが、なんだか丸投げな感じがします。それで学校がまとまる気はしません。担任の先生は、学級のリーダーとして、自らの意志やビジョンをもったうえで、子どもたちの意見も吸い上げながらリーダーシップを発揮していく必要があります。始業式の日、私は子どもたちの前で必ず自分のビジョンを話します。これは、子どもたちへの決意表明です。一人ひとりの目を順番に見ながら、想いを込めて伝えます。

「私はこのクラスを、みんなが楽しくて仕方がないクラスにしていきたいと思っています。たくさん挑戦して、たくさん成長できる、笑顔いっぱいの最高にハッピーなクラスにしていきましょう」

絶対に守ってほしいルールを明確にする

集団生活において、ルールは必須です。絶対に守ってほしい大事なルールは、初日にきっぱり提示することが大切です。私が始業式の日に伝えているルールは以下の3つです。

①相手が傷つくとわかって相手が嫌がることをしない。いじめは絶対許さない。

②怪我につながるような危険なことはしない。

③がんばれること、やればできることを3回言ってもやらないのはいけない。

「先生は怒ったときには鬼になります。みんなは可能性の塊です。その可能性をつぶすようなことは、絶対に許しません」

これを、迫力たっぷりに伝えます。その上で、話します。

「あなたをバカにしたり、あなたを傷つけたりする人がいたら、1人で抱え込まずに、相談してください。先生は、全力でみんなを守ります」

「ならぬものはならぬ」を先生がはっきりもっておくことで、子どもたちが安心して生活できる環境を守ることができるのです。

石川先生の
時間管理術

ブラインドタッチ仕事術

私が、仮にパソコンの入力業務がメインの部署に配属されたら、迷わず通学やオンラインの授業を受講し、ブラインドタッチの猛勉強をはじめます。一度、ブラインドタッチを覚えれば、それ以降のタイピングが加速し、一気に仕事が速くなるからです。

仮に不動産会社に就職が決まったら、決まった時点で宅地建物取引士や不動産鑑定士の資格を猛勉強します。合格レベルに達すると、専門用語や法律的解釈を調べるのが速くなります。資格を取得すれば、お客様からの信頼も得られ仕事が円滑に進みます。

仮に総務なら、キャリアコンサルタント、社会保険労務士……猛勉強して理解することで、自信を持って仕事ができ、その都度調べる頻度も減り仕事が速くなります。

ブラインドタッチ、各種資格試験の受験、どれも最初は時間がかかります。繰り返し暗記し、わからない箇所は調べます。いつもより早起きして勉強したり、飲み会の誘いも断って学校に通ったり大変です。

しかし、**一度覚えてしまえば、一生モノです。**

最初は苦労しますが、その後が楽になります。

実際、私も建設会社の経理に配属が決まった時点で、何を行なえば仕事が速くなるかを考えました。ネットも普及していない時代。書店で調べ、建設業に特化した建設業経理士試験があることを知りました。即行で4級を取得。その後、3・2級を同時受験して合格。業務に関連する宅地建物取引士、日商簿記3・2級を取得。難関試験である建設業経理士1級を社内では誰よりも速く取得。本社役員からは、驚きとともにお祝いの電話を頂戴しました。取得する資格のレベルが上がるたびに先輩や上司に聞くことが減り、1級を取得するころには、専門的知識について上司に相談されるまでになりました。

前述したように、一度覚えてしまえば、一生モノです。最初は苦労しますが、マスターした後は、楽になります。

みかん先生の言うように、「学級運営においても、時間をかけるべき時期に惜しまず時間をかけて、うまくいく土台をつくる」。新年度の4月。スタートダッシュ！　残業大歓迎！　急がば回れ！　そんな気持ちでプライベートな予定を入れずに、クラスの子の名前を覚え、承認のシャワーを浴びせ、ビジョンを考える。4月は1年間の準備に全力を注ぐと決める。その後の学校生活がスムーズに展開されます。

2 子どもたちについて知る

みかん先生のポイント!

・始業式の日までにしておく準備は、「子どもたちについて知る」こと。この準備が、「信頼関係を築けるか否か」に大きな影響を及ぼします。
・信頼関係はすべての礎。

始業式の日が最も大切な日と書きましたが、始業式の前にしておかなければいけない準備があります。それは、「子どもたちについて知る」ことです。

引き継ぎ資料から、子どもたちの様子を想像します。その子たちが起こしてきた過去の問題行動や家庭背景、性格や特性を知った上で、子どもたちの力関係を予測します。

その子たちの昨年度までの様子を知っておくことで、始業式の日にできることが増えるのです。つまり、**これまでと今を比較して見られるようになることで、「初日から」その子たちの変化に気づくことができる**のです。

引き続ぎ資料はあくまで資料

担任の先生は、「引き継ぎ資料の中で問題児や要支援児と捉えられている子」が、始業式の初日に見せる「やる気」を絶対に見逃してはいけません。

問題児と呼ばれるような子どもたちは、好きで問題行動をしているわけではありません。子どもたちにとって制約が多い学校生活の中で、どうにも我慢ならないことがあり、そのような行動をせざるを得なくなってしまった結果だと、私は捉えていました。そして、問題児として名前をあげられているような子どもたちは、これまでたくさん叱られてきた子どもたちです。

「落ち着きがない」「反抗的」「暴言・暴力」と引き継ぎ資料に書かれているAくんが、始業式の日に、席について静かにしていることは、ものすごいことなのです。その変化に気づき、「いい姿勢だね!」「そうやって聞いてくれるととっても助かる!」と声をかけることで、Aくんの「やる気」を承認することができます。こうして声をかけたときの、彼らの、目を見開くようにして見せるキラキラした瞳は、承認に対する飢えのようなものすら感じます。「本当は認めてもらいたい」「今年はちゃんとできるかもしれない」この想いを受け取って、「あなたはとっても素敵です」と伝えることが、これから始まる1年間の土台をつくります。

問題児と呼ばれる子どもたちにとって、年度の始まりは「やり直すチャンス」。そのチャンスに「やる気」を出して臨んでいる子どもたちの想いに気づき、承認のシャワーを注ぐことで、その「やる気」をこれからの当たり前にしていくことができます。「よし！　次もいい姿勢で聞いてみよう！」という、さらなる「やる気」を引き出すことができるのです。

子どもの名前は何としてでも覚える

ここで、気をつけなければならないのは、引き継ぎ資料によって得た情報を「先入観」としてもつ材料にしてはいけないということだと思います。

「どうせこの子はこんな子だからしょうがない」と担任の先生が思えば、本当にその通りになってしまいます。人は、自分が相手から期待されていないことを敏感に察知する生き物です。諦められている相手の前ではそのように振る舞いたくなってしまう生き物です。

ですので、資料は読み込みますが、これはあくまでも「昨年度まで」の子どもたちの姿です。資料を参考に、その子どもたちの立場になって考えます。その上で、どんな言葉がけをしてもらったらうれしいだろうと想像します。そうすることで、昨年度と今を比較し、成長やよい変化に気づいて、これからの子どもたちを応援することができるのです。

その上で、クラス全員のフルネームを名前の順でスラスラ言えるように頭に叩き込んでおきます。受け持つクラスの名簿をもらった日から、毎日ブツブツつぶやいて、なんとしても覚えるのです。

始業式から1カ月間くらいの間、子どもたちは名前の順に基づいた席順で座っていることが多いです。そのため、フルネームを名前の順で頭に叩き込んでおきさえすれば、子どもたちの顔と名前を早い段階で一致させることができます。

できる限り早く子どもたちを名前で呼べるようにすることは、それは子どもたちとの信頼関係の構築に大きく影響してきます。「〇〇さんのいすの運び方はとてもいいね」「△△くん、てきぱきしていて気持ちがいい！」というような、名前を呼んでの承認は、ひと際うれしいものです。

私は、初日もしくは2日目には、クラス全員分の顔と名前を一致させるようにしていました。名前の呼び間違いはもっての他です。名前はその人にとって大切なものです。その**名前を先生が丁寧に扱うことは、子どもたち一人ひとりに対する敬意を示すことにも繋がります。**

確証バイアスという言葉をご存じですか? 確証バイアスとは、認知心理学や社会心理学で用いる用語で、人が「こうだ」と思い込んだとき、それに当てはまる情報ばかりに目が行き、そうでない情報を無視してしまいやすいという傾向性のことを表しています。

つまり、人は、「苦手だなぁ」と思った相手に対しては、悪いところばかりが目に付くようになるし、「この人、わかってくれそう!」と思った相手に対しては、よいところばかりに目が行くようになる傾向をもっているということです。そのくらい、第一印象は重要なのです。

始業式の前にきちんと準備をすることで、始業式の日に、子どもたちとの信頼関係の礎を築くことができます。

石川先生の
時間管理術

先人の知恵の正しい活かし方

札幌の建設会社に勤務していたとき、東京の財閥系会社からKさんが取締役総務部長として出向してきました。Kさんは3週間以上、書庫に入りびたりで過去の資料を読みふけっていました。株主総会手順、稟議書の書き方、始末書、日報にいたるまで、過去どんなデータがどんな方法で作成されていたのかを把握していったのです。

3カ月も経つ頃には、初めての北海道、初めての赴任先なのに、3年勤めている私よりも会社のことが詳しくなっていました。

過去を調べれば今がわかる。特に書類は繰り返しつくられるものだから、新たにつくる必要はないと言っていました。

そのときの教えから、私も過去の書類の重要性に気づき、転職先では、まずは書庫の書類やパソコンのデータを読み込むようにしています。昭和の時代につくられた手書きの決算書、元帳類。諸先輩方の苦労がにじみ出ています。そんな書類に敬意を払いながら、年代を追うごとに進化していく踏襲された書類。それらをベースにして、修正した書類をつくることで、大幅に残業時間を減らすことができているのです。

しかし、一点だけ注意しなければならないことがあります。それは、**時代は日々進化している**ということです。

たとえば、リアルからテレワークへ。電話での連絡からファックスでの送信、そしてメールでのファイル添付へ。手書きからパソコン入力、そして音声入力へ。そろばんから電卓、そしてソフトをインストールすると簡単な計算はもちろん、関数計算、進数計算（変換）、簡易な統計と一通りできるようになりました。

以前は、正しいやり方だったのが新基準に変更された。効率的だと思って長年行なっていた方法も技術の進歩によって、新たな手法のほうが時間短縮に適している。慣習を打破しなければ仕事が遅くなる可能性もあります。

子どもたちとの接し方も同じことが言えます。

始業式前に引き継ぎ資料から、子どもたちの様子を確認する。落ち着きがない、反抗的、暴言、暴力……。過去の問題行動や家庭環境、性格や特性を知る。引き継ぎ資料を踏襲することは大切なことです。しかし固定観念を持ってはいけない。みかん先生の言うように、それを踏まえたうえで、**「先入観」を持たずに接することが重要**です。

3

学級システムをつくる

みかん先生のポイント！

・「うまくいかないときどうしたらよいか」まで落とし込む。
・先生がいなくても、クラスの仕事が回り出すシステムをつくる。

「私がいなきゃ」を捨てましょうというお話を、第3章でさせていただきました。「先生がいなきゃ成り立たない学級」では、子どもたちの自主性は育ちません。さらに、先生の仕事が雪だるま式に増えていく……という悪循環に陥ってしまいます。

年度初めの4月のうちに、この「先生がいなくても子どもたちが問題なく1日を過ごせるシステム」を完成させると、その後の学級経営を快適にすることができます。

毎日行なう仕事を割り振る

毎日行なう決まった仕事を子どもたちで分担してもらいます。これが、当番活動です。

毎年のことだからと、さらっと当番決めに入ってしまいがちですが、4月の始めにその意味と必要性を子どもたちに伝えることが大切です。人は、そのことの目的や意義を知って初めて、主体的に取り組むことができるようになるのです。

「1年間をみんなで気持ちよく過ごしていくために、クラスには毎日しなくてはいけない仕事がたくさんあります。これを、1人でしようと思ったら大変なことです。でも、みんなとだったら分担することができます。みんなで協力し合って、クラスの仕事が進んでいくようにしたいです。自分の仕事をしっかりできる人はみんなから信頼されますよ。もしみんなにできるのであれば……目指すのは、先生が1日いなくてもみんなだけでへっちゃらなクラスです。いろいろな仕事をみんなにお願いできますか？」

そうすると、大半の子どもたちから元気な返事が返ってくるものです。

「やります！」「できる！」「へっちゃらにしよう！」

この当番は、「1人1当番制」にすることで、「何もやらなくてもいい子」を作らないようにしていました。電気当番ならば、「つける」「消す」を分けてそれぞれ担当を決めることで、子どもたち一人ひとりが、「自分の仕事」だと捉えられるようにします。第1章で石川先生が「一緒に仕事をする充実感」について触れています。「自分の仕事」があることは、「自分が役に立つ存在だ」という貢献感にも繋がります。当番を決めた後に、子どもたちに話します。「任せました！　頼りにしています」と。

ゴールのイメージを共有する

「先生がいなくても1日過ごせるシステム」にするためには、もう一歩先を話し合っておく必要があります。「誰かが欠席したり、うっかり仕事を忘れた場合はどうするのか」ということです。

1年間、誰も忘れることなく当番の仕事をやり切ることはありません。また、誰かが欠席してしまう日もあります。そんなときの対応策を先生が決めすぎてしまうと、子どもたちが人任せになってしまったり、自分の仕事だけやればそれでいいと考えてしまうようになったりしてしまいます。たとえば「欠席した人の分は日直がやる」と決めてしまうと、日直以外の子にとっては、その仕事は関係のないことになってしまいます。

また、よく聞くのが、「友達のお仕事をやってはいけない」というルールです。気の利く子ばかりが動いてしまうと、全員の責任感が育たないからという理由から設定されたものだと思いますが、これもなかなかうまく機能しません。「窓が開いていないよ。開けてもらえますか？」と近くにいる子に声をかけると、「それは私の仕事じゃないから勝手にしちゃいけないんです」と返ってくるようになってしまいます。これでは、クラスの仕事をみんなで助け合ってやるという大切な部分が育まれません。

かといって何も決めないでおくと、小さなトラブルに繋がりやすいのも事実です。「今やろうと思ったのに、なんで勝手にやっちゃうの？」「そっちが遅いからでしょ！」「欠席の人の分やってよ！」「なんでだよ！　お前がやれよ！」というように。

決めすぎず、かつ子どもたちが進んで仕事に取り組めるように促すためには、「どうなったらいいか」というゴールのイメージを共有しておく必要があります。「欠席したり、うっかり仕事をするのを忘れてしまった人の分はどうしたらいいかな？」と、子どもたちに問いかけます。そうすると、自分たちで答えを導き出すものです。「日直がやる！」「でも、日直が忘れたら？」「気づいた人がやる！」「でもこれからやろうとしているところかもしれないよ！」「そしたら声をかければいいんじゃない？」「この当番誰ですか？　やっちゃいますよー！　って！」「教えてあげたらいいよね。やったほうがいいよって」「その後で、誰もやる人がいない仕事は、やれる人で協力してやる！」。

先生は、子どもたちから出てきた意見を「こうしよう！」とまとめるだけです。**ゴールは、みんなが気持ちよく助け合って仕事を進められるようにすること。**

①気づいたら当番の子に知らせること。

②それでもやる人がいなかったら、進んで手伝うこと。
③やってもらった人はお礼を言うこと。
④自分の仕事を誰かにやったもらったときは、教室のごみを10個拾うことで仕事の代わりにすること。
⑤それ以外の場合は、ゴールに近づくように考えて行動すること。

ルールが決まったら、もし誰かの仕事を進んで手伝うことができたら、それがどれだけ素晴らしいことかを伝えます。

「クラス全体を見てやるべきことに気づき、誰かのために進んで動くことができる人は、本当にすごい人です。そういった力は、これから先、みんなが自分の夢を叶えていくときに、必ず支えになります」

そうすることで、クラスの仕事がみんなの力で回り出します。どうしたらみんなが気持ちよく助け合って仕事がすすめられるようになるのか、自分で考えて動けた子どもたちは、とっても得意げです。

石川先生の
時間管理術

名前で呼ぶ効果

私の友人でもあり、株式会社上司の魔法 代表取締役の黒岩禅《くろいわぜん》さん。上司、リーダー向けにマネジメント、リーダーシップ、コミュニケーションなどの研修を行なっています。カリスマセミナー講師としても有名で、「講師のための講師塾」も開催しています。

そんな彼がリーダーシップ研修で言っていたひと言。

「部下全員のフルネームを漢字で書けますか？」

書けると答えたリーダーは5％。20人に1人の割合。

私もセミナーを聴いたときには、パートを含めて34人いる部下のフルネームをすべて漢字で書くことはできませんでした。

「部下全員のフルネームを漢字で書ける」ことは、「**一緒に働いてくれているあなたを大切にしています」という感謝の気持ち。その感謝を1番簡単に表現できる方法です。**

以前、大型レンタルビデオ店の店長だった彼は、新規出店する際に、必ず行なっていたことは、**採用したアルバイトさんの名前と顔を彼らの初出勤日までに覚えること**でした。

採用された方々にとって、面接の短い時間しか話していないのに名前で呼ばれる。驚きとともに、うれしかったと幾人ものアルバイトさんから伝えられたそうです。

ほかの系列店よりもダントツで離職率が低いのはもちろん、仕事そのものの取り組みも違ってきます。

フルネームを正確に書けるようにする。櫻井さんを桜井さん、斎藤さんを斉藤さんと書き違えてしまう人がいます。

黒岩さんの会社に中途入社した渡邊さん。以前の職場では、「渡邉」と間違われたり、「(面倒なので)渡辺」と書かれることも多かったそうです。本人にとっては大切な名前。正しく書くことは、「あなたを大切にしていますよ」というメッセージ。渡邊さんは、上司の黒岩さんの気づかいに感激したそうです。ちなみに、黒岩さんの店舗は、最優秀店舗を決めるイベントで1、280店舗の中でグランプリを獲得しています。

みかん先生が4章の2節で言っていた「クラス全員のフルネームをスラスラ言えるように頭に叩き込んでおき、名前を呼んで言葉がけをする」。このことは、あなたを大切にしていますよ、気にかけていますよ、承認していますよ、敬意をはらっていますよ、という**先生から子どもたちへのメッセージ**なのです。

「4」

授業準備

みかん先生のポイント！

・最初の授業でそれぞれの教科を学ぶ目的を示す。
・安心できる！　挑戦できる！　授業ルールを徹底する。
・楽しい授業ができるようになったら最強！

子どもたちが学校で過ごす時間の半分以上が、授業時間です。もしも、授業内容がわからない場合、子どもたちは、1日約5時間も退屈でつらい時間を過ごすことになってしまいます。しかも、学校の授業の内容は、もともと子どもたちが「知りたい！」と思っているものではありません。「今日は三角形の内角の和について学べる！　わくわくする!!」みたいな子は、なかなかいません。興味がない、しかも、決して楽しいと思えない話を毎日5、6時間じっと聞いていなければいけないとしたら……これは苦痛です。

小学校の先生は、毎日、約6時間分の授業を組み立て、講義しなくてはなりません。もともと相手が興味をもっていない内容について、年間約1、000時間も話をし続けるのです。組み立てた授業は一発勝負。次同じ授業をやるときは、いつかまた同じ学年を担任したときに同じ時期が巡ってきたら……。日々目まぐるしく授業の内容を考えては、実践して次……をひたすら繰り返していきます。この授業準備、やってもやってもきりがなく、そして、この毎回の授業の質を高めていくのは至難の業です。

この1年間の授業準備をいかに取り組みやすくできるかが、4月の授業の質に関わってきます。私は4月に関しては、授業準備に時間を惜しまずつかうようにしていました。

授業開きで学ぶことの目的を示す

授業を進めるにあたっても、大切になってくるのはその目的です。国語を勉強するとどんないいことがあるのか。社会は？　算数は？　体育は？　道徳は？

その教科や領域を学ぶことの意味や、その学びが将来の子どもたちにどう役立つのかを年度の最初の授業で話します。たとえば国語だったら、こんな具合です。

「国語ってどうして勉強すると思う？　国語は、私たちにとっては日本語ってこと。私たちの国の言葉のことです。私たちは日本に生まれて、基本的に日本語でやりとりをしながら生活をしているよね。だから、国語力はコミュニケーション力と直結する力です。Twitter、何語で書く？　日本語だ！　みんなが好きなYouTuberは何語で話してる？　日本語だね。人気になっているYouTuberさんたちって、この日本語のつかい方がとっても上手だから、人をひきつける。フォロワーがいっぱいつく人も同じです。日本語力を磨くことは、学びたいことを自由に学べるようになること。そして、自分が思っていることを誰かにわかりやすく伝えられるようになることにつながります」

子どもたちの生活に身近なことと結びつけることで、彼らの目はキラキラ輝き出します。そのことを学ぶと将来どんな良いことがあるかを、子どもたちの目線に立って伝えていくことが大切です。

「学校の勉強って楽しいじゃん！」と思ってもらう

人は、楽しい！　と思ったものや、できる！　と自信を持てたものに対して、本来の力を発揮します。「つまらない」「どうせできない」と思った時点で、その子の本当の力は発揮されないものです。このことは、脳科学でも明らかになっています。感情を司る扁桃体は、記憶に深く関係する海馬の近くに位置して、その働きを左右します。つまり、扁桃体が快にふれるか不快に触れるかが、勉強のパフォーマンスに大きく影響してくるのです。

年度の始めに、「あ！　勉強って楽しいかも！」そう思わせることができたらしめたもの。確証バイアスは、ここにも働きます。人は、楽しい！　と最初に思ったものに対しては、楽しい部分に目が行くし、つまらない！　と思ったものに対しては、つまらないところを見つけたら、「ほら、やっぱりつまらない」と思い込みを強化してしまうものです。だからこそ、4月の授業準備は手を抜きません。学ぶことは本来楽しいことです。それをいかに確実に伝えられるかに全力を注ぎます。楽しい授業をつくる具体的な方法を知りたい方は、ぜひ、先生塾にお越しください。

安心できる！　挑戦できる！　授業ルールを徹底する

授業の質やわかりやすさももちろん大切ですが、よい授業が成り立つためには、子どもたちの協力が必須です。どんなに楽しい話でも、感じが悪くしらーっとしたお客さんを前に話せばしらけます。話はどんどんつまらなく聞こえてくるし、話し手のパフォーマンスも下がってしまうものです。逆に、そんなにおもしろくない話でも、協力的で一緒に盛り上げてくれるお客さんを前に話すと、みんなでその空気を楽しむことができるし、話し手のパフォーマンスも上がるのです。私は4月、こんな話を何度もして、「授業はみんなでつくるもの」という意識を育てていました。

「先生が1年間いい授業をできるかどうかは、みんなにかかっています。今みたいに、みんなが頷きながら聞いてくれたり、反応を返してくれて、やる気いっぱいに取り組んでくれると、すごく話しやすいし、うれしいからどんどんいい授業がしたくなる。みんななら大丈夫そうだ！　うれしいなぁ。ありがとう！」

その上で、クラスの授業ルールと授業の雰囲気づくりを徹底して行なっていました。授業の進行を途中で中断しても、このルールが当たり前になるように、しつこくしつこく話します。**ルールの徹底は、最初が肝心**です。私が徹底していたルールは以下の通りです。

①相手が話しやすくなるように聞く（相槌、頷き、リアクション）。
②「間違い」「できない」をばかにしない。
③理由のないネガティブな発言をしない。
④行動を素早く！　学びの時間を大切にする。

このルールを4月中に徹底できると、授業中のクラスの空気が変わります。先生自身が、授業をするのが楽しくなります。授業準備の時間を半分にしても、楽しい授業が成り立つようになると言っても、過言ではありません。授業も先生だけでつくるものではないのです。

石川先生の
時間管理術

目的があるから人は動く！

授業を進めるにあたって大切なこと。それは「目標」と「目的」を明確に分けることです。

たとえば、「ダイエットしたい！」、「社会保険労務士の資格を取りたい！」、「教師免許を取りたい」

これらは「目標」です。

目標だけでは、長続きしません。

1キロ痩せる、合格率80％の試験に合格するなど、簡単な目標なら話は別ですが、通常、目標だけだと三日坊主で終わってしまいます。

何が足りないのかというと、「ダイエットして、どうしたい？」、「社会保険労務士の資格を取って、どうしたい？」、「教師になって、どうしたい？」、という、具体的な「目的」が足りないのです。

目標しかない人は、動機が弱い、というか、抽象的です。

年初に立てた目標を、年末まで覚えている人の割合は、たった7％と言われています。

それぐらい「〇〇になりたい」は、抽象的なのです。

人は、「目標」だけでは、なかなか動かないし、長続きもしません。

明確な「目的」が必要なのです。

ダイエットなら、「披露宴で、タイトなウエディングドレスを着たい！」

社会保険労務士の資格取得なら、「開業して、定年のない仕事をしたい！」

教師免許なら、「先生になって、明るく未来を語れる子どもたちを増やしたい！」

これが「目的」です。

ダイエットに苦しんでいるときに、「披露宴であのドレスが着たいから、友だちとイタリアンで食事しているけど大好きな炭水化物を我慢する！」で、乗り越えられる。

自分の人生を変えてくれた恩師。あの恩師のように言葉のチカラで子どもたちを元気にしたい。もっと試験勉強をがんばらなければと思って、飲み会の誘いを断われるのです。

国語の成績を伸ばす！　社会でいい点を取る！　算数に強くなる！　これらは「目標」です。国語を勉強したら、どんないいことがあるの？　社会は？　算数は？　それぞれの「目的」が明確になれば、授業も楽しくなる。みかん先生の言うように、**目的を明確にすることで楽しい授業ができるようになったら最強です！**

「5」

子どもと対話する、思い込みは危険信号

みかん先生のポイント！

・子どもの行動から予測を立てる。
・予測をたてたら、確認作業。
・子どもとの丁寧な対話を大切にする。
・聞いてみなければ、わからない！

近頃、先生やお母さんたちの相談にのる機会をたくさんいただいています。多いときには月に１００人以上の方のお話を聞くことも珍しくありません。その中で、私が何度も口にする質問があることに気づきました。

「それ、子ども本人が言ったことですか？　それとも、ご自身で想像したことですか？」

そして、かなりの確率で返ってくるのが、この答えです。

「いえ。本人が実際にそう言ったわけではありません……」

私たち大人は、子どもたちのことを、とにかく「わかったつもり」になりやすいのです。でも、本当のトコロは、本人しかわかりません。さらに、子どもたちは、自分の想いを言語化することが、大人ほどスムーズにいかないことが多いからです。そのため、大人の発した言葉に左右されやすくもあります。丁寧に子どもと対話し、子どもの本当のトコロを

引き出すことで、子どもとのすれ違いを少なくし、子ども自身のやる気を引き出すことに繋がっていきます。

小学校の先生から、こんな相談を受けたことがあります。

「国語の時間になると立ち歩いてしまう子（B君）がいます。国語が苦手だから、立ち歩いてしまいます。どういった対応をしたらいいですか？」

私は、こう質問してみました。

「国語が苦手だから立ち歩いているって、その子本人が言ったのですか？」

「いえ……。そう言われてみると、本人が言ったことではありません」

なので、こうお伝えしてみました。

「ぜひ、本人にこんな風に聞いてみてください。『間違っていたらごめんね。国語の時間に席を立つことが多いように見えるけれど、何か理由があるの？』と。もしかしたら、思いもかけない何かが出てくるかもしれませんよ」

後日、その先生は、アドバイス通りB君に【国語の時間に席を立つ理由】を質問してみました。すると、B君の口からは「国語の時間になると、隣の席のCさんが僕にいろいろ言ってくる。それが僕は嫌なんだ！」という話が出てきました。そこでCさんにも詳しく話を聞いてみると、見えていなかった事実が浮かび上がってきました。

予想はあくまで予想、対話が近道

ある日算数の時間に、B君にバカにされたCさん。そこから小競り合いが続いていましたが、いつもB君が優勢で悔しい思いをしていました。そんな折、国語の時間にB君をからかっていたCさんは、顔を真っ赤にして怒るB君を見て「B君は国語が苦手なんだ」と気づきます。味をしめたCさんは、国語の授業のたびにB君をからかうようになりました。

これが、B君が【国語の時間に席を立つ理由】だったのです。2人の話を聞き、お互い悪かった点を話し合った結果、B君が国語の時間に席を立つことはなくなったそうです。

もし、「国語が苦手だから席を立っている」という思い込みのまま、本人に聞くことなく対策を考えたとしたら、どうなるでしょう。苦手な部分をフォローしようと考えた先生が、国語の時間にB君に丁寧に関わり、サポートしようとしたとしたら……。おそらく、先生がサポートしようとすることで、余計にCさんにからかわれると感じたB君が、さらに席を立つようになっていたかもしれません。

たくさんの子どもたちを見ているからこそ、先生たちは、子どもたちの行動の原因をすぐに予想することができます。この先生が、B君のことをよく見ているからこそ、「離席」と「国語」との関連性に気づくことができました。これは、すばらしいことです。

予想を立てた後、怠ってはいけないのは、確認作業です。予想が当たっているのか否かを、本人に聞いてみる必要があります。聞いてみなければ、わからないのです。また、「本当のトコロ」を聞いてくれた先生に、子どもたちは信頼を寄せます。

予想は思い込みです。子どもと対話する時間は、「1番の解決策」を見つける近道です。

石川先生の
時間管理術

思い込みと否定をなくす！

みかん先生の言うように、思い込みは危険信号です。

民間企業でも一緒です。「○○が○○と言っていた」は、良くも悪くも自分の思いをのせてしまいます。本人から直接聴きださないと真意はわからないこともあります。

著名人がテレビやラジオで話したことを一部切り取って取り上げているネットニュース。実際の番組と比較すると、「そんなニュアンスで言っていなかったのに」という記事にお目にかかります。おもしろおかしく、衝撃的に伝えることで、アクセス数が伸びるからでしょう。このようなことが続けば、ネット情報の信頼が失われ、ネット離れが加速すると私は考えています。

思い込みと同じように危険なのは否定から入ること。当社では「人の話は否定しないで聴く」というルールがあります。高校を卒業して入社した新入社員のC君。昼の12時近くなると「もうお腹ペコペコです」が口癖でした。「そんなこと言ってないで集中しろよ！」、「朝、食べてこないお前が悪いんだろ！」と怒鳴りつけることは簡単です。先輩に愚痴を言うなんて非常識だといって片付けることもできます。しかし、否定から入らないというルールがあるので、いったん受け止めます。「そっかー、お腹すくよね、自分も朝食抜きだから、以前はこの時間になったら腹が減ったけど、今は慣れたかな」というように、いったん受け止め、共感しながら話したのです。そんな会話をしているうちに、「そうだ！　朝食抜きで12時前に空腹になる社員と、朝食をしっかり食べて午前中はもっと仕事をしたい社員がいるはずだ」と思ったのです。アンケートを取ると半々。そこで11時半から食べるグループと13時から食べるグループに分けました。今までランチの時間は長蛇の列で待たされるのが当たり前だったのが、ランチ時間をずらすことで並ばずにすんだのです。並ぶという全く生産性のない時間を回避することができました。

さらに来客や電話応対のために昼当番を設けていましたが必要なくなり、手当の削減にもつながりました。**新入社員の話を否定しないで聴くことで、時間効率とコスト削減。社員にも会社にも役立つ方法を見つけることができました。**

世代間にギャップがあると、自分の常識を押し付けたくなります。それぞれに正当な理由があります。思い込みを排除し、いったん受け止め、共感することで、スムーズな関係が築けます。社会人も生徒も同じです。

6

仕事はどんどん任せていこう

みかん先生のポイント！

・子どもたちに「先回り」を広めていく。
・先生から仕事を奪える子どもたちへ。
・自ら気づき動ける心を育てる。

「先生がいなくても問題なく1日を過ごせるシステム」ができたら、次に目指すのは、「自分たちで仕事を見つけて、自らレベルアップしていくクラス」です。

「先生！　それ、手伝います!!」「やっておきました!!」が溢れるクラスになると、子どもたちはぐんぐん成長していきます。

子どもたちが大人になって社会に出たとき、求められる力は「言われたことを言われた通りにやる力」ではありません。これからの時代に必要とされるのは、周りを見て自らやるべきことに気づき、進んで動くことができる力です。

その力を学校で育むために大切なことは、「先生がとことん楽《ラク》をすること」です。子どもたちができる仕事は、学年の成長に合わせて、どんどん任せていきましょう。

先回りのススメ

4月に、いつもこんな話をしていました。

「みんなが成長して、デキる大人になっていくために、大切なことを話します。この人頼りになるなぁ、一緒にいて仕事がしやすいなぁ、かっこいいなぁ、周りの人からこう思われる人って、どんな人だと思いますか？　実は、デキる人っていうのは、「先回り」ができる人のことを言うのです！　たとえば……こんな風に黒板消しが落ちたとき、先生は次に何をすると思う？（拾う～と子どもたちからの声）そう。拾うよね？　先回りができる人は、それに気づいて先回って行動します。これを拾って先生に渡してくれる人がいたら、とっても助かるし、うれしいです。そして、この人、頼りになってかっこいいなぁと思うわけです。どう？　先回り、できそうかな？」

あとは、先回りしていた子の素敵な行動を、どんどんクラス全体に紹介して伝えていくと、子どもたちの行動が変わっていきます。

「先生、次算数ですよね？　前回と同じ立体模型を出しておいていいですか？」

「それ、運んでおきます！」

「この後、計算ドリルを進めるでいいですか？　黒板に書いておきます！」

といった具合です。

できるようになってきたら、どんどん視野をひろげていく問いかけをしていきます。

「先回りのレベルアップ編、挑戦してみますか？」

そう言うと、子どもたちはキラキラした目で食いついてきます。

「今日の時間割を見てみてください。今日の時間割を見て、先回りをして動けそうなところ、ありますか？」

「あ！　体育の後の習字は、移動と準備に時間がかかって遅れそうです！」

「そう！　よく気づいたね!!　これ、どうしたらいいと思う？」

「体育を早めに終わるのは嫌だし……うーん……。ダッシュで準備する！」

「気持ちはわかるけど、廊下は走ってはいけません」

「わかった！　その前の休み時間に習字の用意をしてから体育へ行ったらいいんじゃないかな？」

「おーー!!　それはスゴイ!!　こんな風に、先を見通して困りそうなことを発見し、よりスマートに行動できるように作戦を立てて動けるようになることも、先回りです」

そうすると、子どもたちは朝時間割を見て、「いつ着替えたらいいか」「いつ準備すればいいか」を自分たちで考えて動くようになります。

こちらが細部に気を配り、時間管理をしてあげる必要はなくなるのです。

仕事は先生から奪うもの

先回りが盛り上がってきた頃にするのが、このお話でした。

「みんなが学校の先生だったとします。こんな場面を想像してみてください。廊下を歩いていたら、いすを両手に抱えている校長先生とすれ違いました。さあ、みんなならどうしますか？（楽しい珍回答がたくさん出るのですが……）そう！　手伝いますと言っていすを引き受ける！　これがデキる人の行動です。デキる人は、自分が手伝える仕事、挑戦してみたいと思う仕事にどんどんチャレンジをしてスキルアップしたり、信頼を得たりしていくわけです。このクラスでチャレンジしてみますか？　いいね！　では、先生がやっている仕事で、できるなと思ったものは、どんどん奪っていきましょう。ただ、お金や成績を取り扱うものなど、先生にしかできない仕事もあります。できるかどうか考えるときに参考にしてみてください。基本的に、みんなだったら任せられると思ったら、どんどん仕事を任せていきます。先生が、なーんにもしなくてもいいくらい、みんなが先生の仕事を奪うことができたら、このクラスは最強です」

任せてもらえることは、喜びです。できることが増えるのは、うれしいものです。子どもたちは喜々として、先生の仕事を手伝ってくれるようになります。

「先生！　それ、ぼくたちでやります！」

「先生！　そのタイム測るの、自分たちでできます！」

危険性や成績などのプライバシーの面を考えて、問題なければどんどん任せていきます。やり方やコツを教えて見守ります。上手くいかなければサポートして、また任せます。任せる最初は手がかかりますが、4月は徹底してこの見守りとサポートに回ります。そのうち、様々な仕事が先生の手を離れ、子どもたちが自信をもって、クラスを動かすようになってきます。

石川先生の
時間管理術

信頼して任せることで、学校が好きになる！

「自分の時間は買えないけれど、他人の時間は買える」

初めてこの言葉を聞いたときは、衝撃でした。それまでの私は、部下に仕事を任せず、夜中の11時まで残業。しかし、この言葉を知ってからは、「他人の時間を買うこと」を意識するようになりました。常に、**「この仕事は私の代わりに誰かできないか？」と考え、どんどん人に任せ、仕事が劇的に速くなった**のです。

1日は24時間。絶対に増やすことはできません。

しかし、掃除に20分、電話応対に10分、書類作成に30分、合計1時間。すべてを人に任せたら、**自分の時間は、まだ1秒もつかわずに残っているのです！**

私が仕事を任せるようになった対象は、部下だけではありません。

上司に相談という形で仕事をお願いする。

税理士や行政書士などの「士業」に依頼する。

以前に勤めていた建設会社では、こんなことがありました。会社のホームページを作成することになり、社内からITに詳しい社員を集めてプロジェクトを組んだのです。

そのメンバーには、5名の現場職員も含まれていました。当時は1人当たり年間平均800万円の利益を稼いでいましたので、5名が現場に出られないとなれば、4000万（800万×5名）の損失です。しかも、所詮は素人の集まり。ホームページのクオリティは、プロがつくるものには到底及びません。

結局、計画の途中で、役員の1人が費用対効果の悪さに気がついて、ホームページ作成は専門家に任せることになりました。

最初からプロに任せていたら、皆、時間もお金も無駄にしなくて済んだのです。

このように、今まで、自分でやっていたことを、「誰か他人（場合によってはAI）に任すことはできないか？」と考えたり、自前でやっていたことを「プロに任せられないか？」と考えたりすることで、仕事を速く進めることができるのです。

1人で仕事を抱え込むと、いくら時間があっても足りません。

学校も同じです。任せることは、子どもに負担をかけることではありません。信頼しているから任せる。一人前と認めているから任せる。任せられた子どもは粋に感じます。子どもは信頼され、任せられたら、喜んで動いてくれます。自分が人の役に立つことを喜びに変えられたなら、もっと学校が好きになるでしょう。

7

「ありがとう」は気づきの言葉

みかん先生のポイント！

・幸せの循環が、やる気を持続し自分たちでどんどん成長していく土台になる。
・「ありがとう競争」で「先回り」を量産させる。

子どもたちのやる気が持続するクラスに必須な合言葉は、「ありがとう」です。「ありがとう」が溢れると、子どもたちの中にやる気が沸き起こり、笑顔が絶えないクラスになります。感謝は感謝をよび、相手を思いやる気持ちを育てます。誰かの役に立ちたいと思う心を育みます。お互いの心に、元気の素を注ぎ合うことができます。

まずは先生が「ありがとう」を誰よりもたくさん言ってください。クラスの子どもたちを、「ありがとう」という言葉のファンにしちゃいましょう。瞬く間に、クラスの雰囲気が変わっていきます。

ありがとう競争をしよう!

4月に必ず子どもたちとするゲームがあります。それが、「ありがとう競争」です。ありがとうは、言っても言われても1回とカウントします。先生と子どもたちで、どちらの方がたくさん「ありがとうカウント」をゲットできるか、競争するのです。

「言うだけで、自分の心も相手の心もしあわせにすることができる魔法の言葉が、『ありがとう』です。『ありがとう』は、言っても言われても、自分にとっていいことしか起こりません。言わない方が損なのです。いつもご飯をつくってくれるお家の人に、『ありがとう』って言っていますか？　働いてくれるお家の人には？　消しゴムを拾ってくれたお友達には？　これから1週間、先生とみんなで『ありがとう競争』をします。誰かに『ありがとう』を伝えたら1回、『ありがとう』を言われたら1回……と数えていってください。『ありがとう』を言う方は、とっても簡単だね！　とにかくどんどん言えばいいわけだ。『ありがとう』を言われるためにはどうしたらいいかな？　そう！　相手が喜ぶことをすればいい！　つまり、『先回り』だね！」

「ありがとう競争」を始めると、クラス中に「ありがとう」が溢れるようになります。プリントを配って後ろの人に回していくときは、「ありがとう」のリレーが起こります。

「みんなが早く結果が見たいんじゃないかと思って、急いでテストの丸つけしたよ！」私がこう言うと、たくさんの「ありがとうございます！」が子どもたちから返ってきます。「残りの時間があと5分だから、時計を見て動こう！」誰かがこんな風に「先回り」して声をかけると、クラス中から「ありがとう！」が返ってきます。

これ、ものすごーーく気持ちがいいものです。あっという間に子どもたちは「ありがとう」という言葉のファンになってくれるのです。誰かのために何かをすると、「ありがとう」がもらえる。だから、また何かしたいと思える。「ありがとう」を言われることが、気持ちいいと感じる。だから、自分もたくさん「ありがとう」を言いたくなる。この「先回り」と「ありがとう」の相乗効果が、やる気を持続し、自分たちでどんどん成長していくクラスの土台をつくります。

素敵な行動をシェアし合おう！

朝の会では、素敵だなぁと思った友達の行動を子どもたちが紹介し合うコーナーをつくっていました。ここでも、「ありがとう」合戦が始まります。「昨日の朝、Dさんがクラスの傘立てを整頓していました。すごいなぁと思いました」こんな紹介があると、クラスの子たちから、たくさんの「ありがとう−!!」がDさんに送られます。Dさんは、とってもうれしそうです。

「お礼を言いましょう」「感謝しましょう」と口で言っても、なかなか子どもたちには伝わりにくいものです。「ありがとう」の素晴らしさは、実際に「ありがとう」のシャワーを浴びる心地よさを、身体と心で感じてしまうのが1番! 4月中に、この「ありがとう」が溢れるクラスをつくって、やる気と感謝を循環させるようにしましょう。

このしあわせの循環は、子どもたちの周りにどんどん波及していきます。「先生のクラスは授業をしていて本当に気持ちがいいね」と専科の先生に言っていただけたり、「うちの子、先生のクラスになってから、家でたくさん『ありがとう』を言ってくれるようになったんです。ありがとうございます」というお手紙を保護者の方からいただいたり、社会科見学などでお世話になる、バスの運転手さんやガイドさんから感謝されたり……。「ありがとう」と、自然に周りに感謝する気持ちを育むことは、子どもたちの将来を豊かにしていくことに繋がっていくのです。

石川先生の
時間管理術

「ありがとう」と言おうと決める！

「カラーバス効果」と言う心理学用語があります。直訳すると色を浴びる。赤い色を浴びたら赤で染まります！　青い色なら青く染まる！

「ワゴン車が欲しい」と思った瞬間から、地元の公道はワゴン車で溢れかえります。ワゴン車販売店が急に目の前に現れる。しかし、急に地元でワゴン車を購入した人が増えたわけでも、販売店が乱立したワケでもありません。今までもワゴン車は走っていたし、販売店もあったのに、**興味がないので気づかなかっただけ**なんです。

ここで実験にお付き合いください。

「周りを見渡し、30秒間で緑色のものが何個あるか数えてください」

では、はじめてください（いきなりで申し訳ございません）。

はい。それでは、目を閉じて（ここでは下を向いたままで）、赤色のものが何個あったか思い出してください。この実験を初めて受ける方なら、目を開ける（顔を上げる）と、思っていた以上に赤いモノがあることに気がつくはずです。

緑色にフォーカスしていたときは、緑色しか目に飛び込んでこないんです。

私は、「税理士になりたい！」と決めた瞬間に税理士関連のことが、目の前に飛び込んできました。いつもの通勤の道、「こんなところに税理士事務所が出来たんだ！」と思ったら、以前からある老舗の税理士事務所だった！　何度も遊びに行っていた友人のマンションの6階が税理士事務所だった！　いつも通っている道なのにいつも通っている場所なのに気づいていないだけなんです。

あなたも、建設途中の工事現場や、更地を見たとき、「あれ！　以前は何が建っていたんだっけ？」と思い出せないことはありませんか。何度も通っていたのに、意識していないので見えていないんです。

「ありがとう！」と言おうと決めた瞬間、今まで気づかなかった「ありがとう！」で溢れかえります。当たり前に思っていた母の料理、友だちの給食の当番、登下校の安全を守るボランティアの方々、感謝の念が湧いてきます。

太陽にも、新鮮な空気にも、歩けること、言葉を発することにも感謝するようになります。お互いが感謝し合えば、多少の不快な思いも許せるようになります。何かお返ししたいと思うようになります。そんなクラスになったら素敵なことですね！　みかん先生の言うように、「ありがとう競争」、ぜひ取り入れてみてください。

CHAPTER 5

教師の有限な時間を取り戻す！

先生の仕事って何でしょうか。先生ってどうあるべきなのでしょうか。

先生は、教育のプロフェッショナルであり、各教科の講師であり、クラスのリーダー兼マネージャーであり、子どもたちのコーチ兼カウンセラーです。

多くの子どもたちの中で、「社会で働いている大人」という最初のモデルケースになる存在でもあります。

やりがいのある職業ですが、とてつもなく大きな責任も感じます。

子どもたちにとって、「本当の意味での先生の役割」を果たせるようになりたくて、私はずっと、この「先生に本当に必要なこと」をひたすら追い求めてきたように思います。片っ端から研究授業を引き受け、本を読み漁り、様々なセミナーやスクールに通い……。そんな中で、私が行きついた答えがありました。

「1」自己肯定感は高くてOK

みかん先生のポイント！
・子どもたちも、私たちも、今そのままでOK。
・自分自身を満たしてこそ、ありのままの子どもたちのすばらしさに目を向けることができる。

私は、自分のことが大嫌いな子どもでした。誰かと自分を比べては、卑屈になったり調子にのったりを繰り返し、結局誰からも認めてもらっていないような気がして、ヘソを曲げているような子どもでした。大学生になっても、自分自身のことがわからなくて、何かもっとすごい存在になりたくて、1人でインドに行ってみたり、バイトに明け暮れてみたり、海外に留学してみたり……。でも、どこへ行っても何をしていても、自分は自分でしかありませんでした。私は、大学時代、就職活動から逃げるように半年ほど留学をしていたことがありました。当時、自己評価が低く、「もっとこうなりたい！」が強い私に、宿泊先のホストファザーが、こう教えてくれました。

「君はどうも、物事をみる視点がもったいないなぁ。こうして、コップに水が入っているとする。せっかく水が入っているのに、入っていない部分を指して、この部分が足りていない！　と言っている感じだね。入っている部分を見つめてごらん。あなたのすばらしいところを、あなたが認めてあげなくてどうするんだ」

この言葉を聞いて、なぜだか涙が止まらなくなってしまいました。私が求めていたのは、「自分は自分のままでいい」という承認でした。そして、何よりも、「誰かが認めてくれる私のいいところ」を、「そんなことない」と頑なに受け取れずにいた私の心が、自分自身を苦しめていたことに気づきました。

自分を否定して、もっと素敵な誰かを目指すことは、とても悲しい鍛錬なのです。自分は、いつまで経っても未熟な存在です。未熟でOK。足りなくってOK。ありのままの自分が、日々、一歩づつ、さらに成長していくことに目を向けられるようになったとき、肩の力が抜けて毎日を楽しめるようになりました。

心が干からびる前に

先生自身が、自分自身にOKを出せていますか。子どもたちも、私たちも、今そのままでOKなのです。できないことがあって、苦手なことがあるからこそ、素敵なのです。まずは、こうして毎日がんばっている自分に、「よくがんばっているね！」と大きな花丸を送ってください。その上で、さらによくなるためにできることを、できることからしていけばよいのです。

まずは、自分を満たすこと。子どものために、子どものために……と身を粉にして働けど、誰からも承認されない……という状況で働いている先生方です。心が干からびてしまいやすいからこそ、まずは自分自身をいたわってください。私は、自分が元気になる言葉や、自分がやる気が出る文章を録音したものを、毎朝聞くことを習慣にしていました。週末は、仲間と歌を歌うという、自分が大好きな時間を欠かさず確保するようにしていました。毎晩の晩酌を存分に味わい堪能していました。

自分自身を満たしてこそ、ありのままの子どもたちのすばらしさに目を向けることができます。世界三大心理学者のアルフレッド・アドラーが、教育の果たすべき機能について、こう言っています。

「教育の機能は、何者かを目指して模倣させることではなく、その人がいつのときも自分らしくいられるように助けることである」

子どもたちは、そのままでとっても素敵です。キラキラ輝く存在です。

クラスの子どもたちの、いいところを挙げてみてください。私は、一人ひとりの子どもたちについて、スラスラっと10個以上言える自信があります。その上で、「ここをできるようになったら、もっと素敵になるよ！」を伝えます。「オレ、どうせダメだから……」こんな子どものひと言を聞き逃しません。「○○君は、ダメじゃないよ！　〜〜〜とか、△△△とか、□□□とか、いいところがたくさんあるよと、根気強く伝え続けるのです。

クラスの子どもたちに、こんな話もしていました。

「世の中が、何でもできて苦手なことがなーんにもない人で溢れてたらどうなる？　全部自分でできちゃうから、人の助けとかいらないわけだ。悩み相談とかもまったく必要のない世界。そう。助け合えない、支え合えない世界になるんだよ。苦手な部分は、誰かに助けてもらえるラッキーカードです。あなたに苦手があるおかげで、助けた誰かは『ありがとう』がもらえてうれしくなる。苦手と得意をみんなで持ち寄って、ハッピーを増やしていくんだよ」

ありのままの自分にＯＫが出せる大人として、子どもたちに関わることで、子どもたち自身が、心から「自分にいいね！」が言えるよう促していくことができます。

石川先生の時間管理術

ありのままの人生を楽しむ！

ネット社会では、匿名性もあり誹謗中傷が増えました。それによりストレスを抱える人、心を壊す人、最悪自ら命を絶つ人までいます。

私もヤフーニュースはじめ多くの媒体で、今まで１００以上の記事が掲載されています。そのたびに批判コメント、反対コメントの嵐になります。

たとえば、残業しない方法を書くと、「できるワケがない」、「コイツの職場がヒマなだけ」、「残業手当がないと生活できない」……。

アマゾンレビューは、大部分が好意的な書評ですが、なかには「すべて知っていることでした」、「読むだけムダな本」、「薄っぺらい内容でも本が出せることが勉強になりました」。こんなレビューが星１つとともに載っていることもあります。著者仲間の中には、それがイヤで次回作が書けないという人もいます。

しかし、私はそんなに気になりません。

２人の老夫婦とロバが登場する漫画があります。２０１２年６月にフェイスブックで投稿されたものです。作者はナイジェリアの風刺漫画家EB Asukwoexit（Mike Etim

Bassey Asukwo)。

おじいさんとおばあさんがロバに乗っていると、「2人も乗るなんてロバが可愛想だ！」と非難されます。

その意見を受け入れて、おばあさんがロバから降りて目的地に向かっていると、「おじいさんだけ楽をしておばあさんが可哀想だ！」と非難されます。

その意見を受け入れて、交代すると、「おじいさんだけ歩かせて、自分だけロバに乗るなんてけしからん！」と非難されます。

その意見を受け入れて、2人ともロバから降りて目的地に向かうと、「アイツらはロバの正しいつかい方も知らないバカだ！」と非難されたのです。

つまり、**すべての人を納得させるのは難しい**のです。すべての人に好かれる必要はありません。私が妙に納得した、「**誰からも好かれる人なんていない。なぜなら誰からも好かれる人を嫌いな人がいるからだ**」という言葉があります。みんなの意見を受け入れることに意味はないのです（特にネット社会ではみんなと言ってもごく少数ですが）。

先生も子どもも非難や批判を恐れる必要はありません。もちろん公序良俗に反しない限りですが、「ありのまま」の自分でＯＫなんです！

2 判断基準を明確にすると質問が減る

みかん先生のポイント！
・基準は明確に提示し、誰よりも先生が体現し徹底する。
・事例と理由をたくさん共有することで子どもたちの判断基準が築かれる。

子どもたちは、1日8時間、週5日、年間約200日という長い時間を教室で過ごします。この教室の居心地がよくない場合、子どもたちのストレスが溜まっていくことは避けられません。そのストレスが、問題行動を引き起こしたり、子どもたちのやる気を削いでいってしまったりする一因になったりします。子どもたちが安心して過ごせるようにするための土台を、しっかりと築けるか否かは、リーダーでありマネージャーでもある、担任の先生にかかっています。

安心して過ごせる枠組みをつくる

何をするのがよくて、何をするといけないのかという基準を明確に提示します。そして、リーダーである担任の先生が、この基準を誰よりも体現し、徹底するようにします。

つまり、よいことに対しては、「おお！　それいいね!!　ありがとう！　とってもうれしい!!」と満面の笑顔で返し、いけないことに関しては、「それはいけない。理由は○○です」と毅然と返すということを繰り返すのです。そして、口で言うだけではなく、良いことを先生が率先して行ない、いけないことは先生もしないようにします。

さらに、個別にこうして対応した内容は、必ず全体で共有するようにします。「今日、こんな素敵なことをしている人がいました！　相手を思いやって動けるって素晴らしいですね！」「今日こんな質問がありましたが、それはできません。どうしてかというと…」といったように。

事例と理由をたくさん共有することで、子どもたちの中で生じるズレを少なくし、子どもたちの中に判断する基準をつくっていくことができます。

この基準が、先生の機嫌や気まぐれで変わってしまうと、クラスは居心地のよい場所ではなくなってしまいます。機嫌によって対応が違ったり、理由なく怒ったりする人と接するのは、疲れるものです。また、「良いか悪いかを判断する基準」が子どもたち自身の中に構築されないと、いつまで経っても、「先生、○○してもいいですか？」という質問に答え続けなければいけなくなります。

また、この基準がはっきりしないコミュニティは、いつまで経っても過ごしにくいものです。何をすれば売り上げが上がるかわからない会社ではモチベーションは上がりません。

さらに、この枠組みづくりを先生が怠り、「良い悪いの判断」をすべて子どもたち任せにしてしまうと、クラスは途端に弱肉強食の戦国時代のような世界になってしまいます。発言力があったり、力がある子の勝手がまかり通るコミュニティになってしまうのです。

勝手を許さない

子どもたちは様々な方法で、先生を試してきます。

「これをして〇Kかな？」「どの程度が許されるかな？」「これをしたら、どんな反応してくるかな？」この一つひとつに対して、理由を明確に丁寧に毅然と対応していきます。

「静かにしてください」と言っているのに、コソコソと話している子がいたら……その子たちの目を見て聞きます。「今話さなければいけないお話ですか？」それでも話しているようなら、すぐそばまで行って伝えます。「もう一度言います。静かにしてください」と。

その上で、クラス全体に話します。

「静かに待つことって退屈だし、少しくらいいいかな？ って思ってしまう気持ちはわかります。でも、その『少しくらいいいかな？』をクラス全員がしたらどうなるだろう？　我慢をして静かにしている人からは、どんな風にうつるだろう？　どう思いますか？　次からはどうしますか？　みんなならできると思うよ」

そのくらいいいじゃないかと思われるかもしれません。ですが、この1人から始まるコソコソ話が、やがて人数が増え、声のボリュームが大きくなって、本当に「うるさく」なってから対処するのは大変なのです。1人の勝手を許すと、安心して過ごせる枠組みは瞬く間に崩れます。**「先生の指示」が「守らなくてもよいもの」になったとき、学級は成り立たなくなります。**このことを、先生は肝に銘じておかなければいけません。「先生の言うことは聞いておいた方がよい」と子どもたちに思ってもらいましょう。「怖いから聞くしかないか」でも「しょうがないから聞いてやるか」でもありません。ルールを守ることの大切さを子ども自身が理解し、守ることを選択できるようにしていきます。

丁寧に築いた土台は、1年間コミュニティを支えてくれます。安心できる枠組みと土台があるからこそ、子どもたちはその上で安心して過ごすことができ、のびのびと力を発揮することができるのです。

石川先生の
時間管理術

お祝いできない不幸な「七五三」

4月は、新入社員研修や記念講演で、登壇する機会が増えます。

こうした研修や講演に参加する新社会人の多くは、会社の一員になることに胸躍らせているようで、私を見つめる瞳の輝きに圧倒されることもあります。

しかし、悲しいかな、彼らの未来には、「七五三現象」と呼ばれる厳しい状況が待っています。「七五三現象」とは、「中卒新入社員の7割、高卒新入社員の5割、大卒新入社員の3割が、入社後、3年以内に会社を辞めてしまう」という現象のことです。

本当ならこれからやっと仕事が面白くなる時期に、退職するのは実にもったいない話です。では、新人たちの多くが、3年以内に退職してしまう理由は、いったい何なのでしょう？

30年以上前、私が就職した時代から、「会社を辞めたい理由」の上位は、ずっと変わらず「職場の人間関係」でした。多くの新入社員が、職場の人間関係に悩み、会社を去っている現実。正直に「あの上司が嫌いだから」、「あの先輩と合わないから」と言って辞める人は少ないので、実際には、把握されている数よりも多くの人が人間関係で会社を辞めているはずです。つまり、他の会社に転職したとしても、また人間関係で悩む可能性があります。

では、どうするか？　私は、講演で新社会人に話をするとき、「この先、人間関係で会社を辞めたいと思ったら、これを判断基準にしてみてください」と伝えています。

それは、次の1点です。**「人格」を否定する上司か？　それとも「行動」を叱る上司か？**

「もし、人格を否定する上司が多い会社なら、辞めることを選択肢の1つにしていい」「もし、行動を叱る上司なら、辞めるのではなく、その上司にはついていこう！」と言っています。

人格を否定するとは、たとえば、こんな言葉です。「おまえには悩みがないのか？　だから太っているんだな」、「仕事が遅いな～、まったく、親の顔が見てみたいよ」、「一度の説明で覚えられないのか？　ニワトリ並みの脳みそだな」

今なら、パワハラで訴えてもいい言葉ばかりです。

上記の言葉は、私が以前の職場で浴びせられ続けた言葉です。このような「言葉の攻撃」を受けたことが、会社を辞める大きな原因になりました。

では、「行動」を叱る上司とは？

「人格」か「行動」か、叱る基準を意識する!

「人格」を否定する上司ではなく、「行動」を叱る上司とは、どのような上司なのか?

たとえば、ガミガミとうるさく行動を叱る上司がいます。

「敬語のつかい方」、「電話応対」、「報告の仕方」、「帳簿のつけ方」など、行動について、事細かく注意してくるのです。

こういう上司は、新入社員のころは、「細かくて、うるさくて、鬱陶しくて、顔も見たくない」としか感じられませんでした。

しかし、今思えば、「あの上司のおかげで今がある」と言っても過言ではありません。口うるさい上司のおかげで、社会人としてのマナーや仕事の仕組みを学ばせてもらいました。結果的には転職しましたが、どこに行っても恥ずかしくない人材になれました。

そんなわけで、「行動を叱る上司にはがんばってついていく。人格を否定する上司のいる会社はロクな会社ではないから辞めてもよい」ということを、新社会人の皆さんにお伝えしています。

これが私の「人間関係で会社を辞めるかどうか」の基準です。

会社側にしてみれば、せっかく採った新人が定着せず、数年で会社を辞めてしまったら、また新たに採用しなければなりません。そして、次に採った社員も、数年で辞めてしまったら、また新しく採用……。そんなことを繰り返していたら、会社に未来はありません。だからこそ、部下や後輩の叱り方に注意を払う必要があります。

余談ですが、私を講演に呼んでくれた会社の離職率は激減するそうです。なぜなら新入社員に向けて講演をしていますが、会場には人事担当の方や管理職も参加しています。それらの方々が、この話を会社に持ち返り、人格否定をせず、行動を叱ることを社員たちに伝えるからなのです。

相手を傷つけ、委縮させる叱り方ではなく、成長させる叱り方を心がける。

子どもとの接し方も同じです。

「人格」を否定する先生か？「行動」を叱る先生か？

みかん先生の言うように、「先生の機嫌や気まぐれで考え方が変わると、クラスは居心地の悪い場所になります。先生の機嫌で、その日の対応が違っていたり、理由もわからず怒られると、子どもも委縮してしまいます。クラスの雰囲気も悪くなってしまいます。

3 教員の学びは止まらない

みかん先生のポイント!
・先生自身が「学ぶ楽しさ」を伝える。
・自主学習ノートは好きなことに取り組ませることで、「学び」と「わくわく」を結びつける。

「勉強きらい!」「勉強つまんない!」こんな風に子どもたちから言われたら、どうしますか? 私はいつも、こう返していました。「もったいない! 勉強するってこんなに楽しいのに」本来、学ぶことは喜びであるはずです。学ぶことで、わかること、できることが増えていきます。新たなことを知ることで、私たちは自分自身の可能性をひろげることができるのです。この、「学びの楽しさ」を先生が心から伝えられるか否かは、「先生自身が学んでいるかどうか」にかかっています。

学び続けることの大切さ

日本は、先進国の中で1番、「勉強しない大人」の割合が高いそうです。「勉強とは、学生のうちにイヤイヤするもので、大人になったらしないもの」になってしまっているところがあります。

私が、教員採用試験を受けて、「先生になる」ことが決まってから、まずしたことは、本屋さんの教育書のコーナーに行き、先生のためのノウハウ本を片っ端から買って読み漁ることでした。月最低2万円は書籍につかうと決めて、毎月10冊ほど買っては読む、を繰り返しました。素晴らしい先輩先生方のノウハウをとにかく学び、真似てクラスで試します。うまくいくこともいかないことも、その理由を考えて次に生かします。とにかく読んでは実験する、を繰り返しました。最初の1年目から、クラスのシステムは驚くほどスムーズに回りました。

授業の腕を上げるために、積極的に研究授業に立候補しました。挑戦する場を自ら設けることで、「学ばざるを得ない環境」をつくることも、自分の成長へと繋がっていきました。哲学や心理学についても、様々な本を読みました。自分自身の立ち振る舞いやあり方についても、書籍から多くのことを学びました。

今も、週に2〜3冊は本を読みます。本を読むことで、自分が経験していないような人生を体験することができて、そこから知見をひろげることができるからです。

また、「ホンモノから学ぶ」ことも、大切です。何かを深く知りたいと思ったら、ネット検索。近くで開催されているセミナーに足を運び、お話を聞くことで、より深い学びに触れることができます。

平日は18時には仕事を終えて何かしらのセミナーに行くことが多く、また、土日も様々な会場に足を運んではとにかく学び、それをクラスでどう生かせるかを試し続けました。最近は、オンラインで学べる講座もとても多く、YouTubeからもたくさんの知識を得ることができます。オーディオブックなど、何かをしながら学べる媒体も増えてきました。家に居ながら、たくさんのホンモノの学びに触れることができます。

「学べば学ぶほど、関わる子どもたちに還元できる」それを日々体感できるのが、教師という職業だと、常々感じています。「昨日読んだ本の中でこんなことが書いてあってね、まさにそれってみんなのことだと思ったんだ!」「聖徳太子について、さらに詳しく調べてみたんだけどね、なんと、こういうわけがあったらしいよ!」学んだことで得た驚きやワクワクを、よくこんな風に、クラスの子どもたちに話していました。こうして、**先生が日々学ぶ姿を見せることで、子どもたちも、学びを楽しむ**ようになっていきます。

時代の変化が激しい今、未来を生きる子どもたちを育てる先生の学びが数年前で止まってしまっているとしたら…。それは、子どもたちの可能性の芽を摘んでしまうことにもなりかねません。こんなに「学びがい」のある職業も、なかなかないのではないかと思います。

石川先生の
時間管理術

大人の勉強時間は1時間？

みかん先生が本文で言っていた言葉、「日本は、先進国のなかで1番、勉強しない大人の割合が高い」。

それを裏付けるデータがあります。

総務省統計局が実施した調査では、30歳から49歳のビジネスパーソンが学習や研究をする1日平均の時間は7分から8分でした（平成28年社会生活基本調査結果　※5年に1度実施されるため、今現在の最新のデータが平成28年になります）。

ちなみに、平成18年、23年の調査でも大差ありません。

たった7〜8分なんです。しかもアンケートを拒否する人や無回答の人は、まったくやっていないから答えられなかった可能性が高い。その数を入れると、もっと平均時間は下がると予想されます。ざっと5〜6分。

では、**なぜ人は勉強しないのか？**

それは**勉強する目的が分からないから**。

私の周りには、私を含め1日3時間以上、勉強している人が大勢います。仕事帰りにセミナーに参加したり、資格取得の勉強をしたり、大量に本を読んでインプットしたものをアウトプットする。スキルアップ、キャリアアップ、専門性を磨き続ける。

数分しか勉強しない人と、何時間も勉強する人に分かれるのです。

といっても、私も小学校のときは勉強していませんでした。

遊びまくっていた小学校時代。

「オトナになったら勉強しなくていいから、早くオトナになりたいな」とさえ思っていました。親から「勉強は？　宿題は？　英語の塾のテストは？」と言われるたびに、勉強をする理由がわからずに悩んでいました。

そんなときに観たのが金八先生シリーズ1作目。

近藤真彦、田原俊彦、三原じゅん子など豪華メンバー。15歳で妊娠出産と衝撃的なシーンが多い作品でした。

武田鉄矢扮する金八先生が心に響く言葉を連発し、大好きな番組でした。

そして、ずっと謎だった「なぜ勉強しなければならないのか？」が、この番組を観て偶然わかったのです。

次節では、そのシーンをお話し致します。

4 子どもから学ばせてもらう

みかん先生のポイント!

・自分自身の在り方を磨くことで、子どもたちから信頼される大人になる。
・信頼されたければ、まず自分が相手を信頼する。

「何を言われるか、よりも、誰に言われるか」とはよく言ったもので……。嫌いな人からのアドバイスは、どんな立派なことを言われても、なかなか聞き入れる気が起きません。一方で、尊敬している人からのアドバイスは、多少納得がいかなくても、聞いてみようと思えるものです。

つまり、子どもたちから、「信頼できない」と思われた瞬間に、教師の威厳は地に落ちます。何を言っても、聞いてもらえなくなるのです。子どもたちとの信頼関係が崩れることほど、教師をしていて恐ろしいことはありません。

信頼できる大人であるために、私たち教師は日々、自分自身の在り方を磨いていく必要があります。

子どもに要求することは自分もすること

「本を読んだ方がいい」と子どもに言うならば、自分も本を読むし、「時間を守る」。子どもに要求するならば、自分も時間を守る。「人の話を目を見て聴く」ように指導するならば、自分が1番に子どもたちの話を目を見て聴くようにし、「嘘をつかない」ことの大切さを伝えたいのならば、自分も嘘をつかないことです。

もちろん、いつも完璧に守ることはできません。でも、「守ろう」とする姿勢を見せること、そのことと誠実に向き合う気持ちは、必ず子どもたちに伝わります。また、実際に自分が取り組むことで、より深く子どもたちの気持ちに寄り添うことができます。

例えば、私は、「積極的に発言することはいいこと」だと子どもたちに話していました。手を挙げて自ら発言することで、話す力を伸ばすことができるし、よりアクティブにその学習に取り組むことができる。そうすることは、自分自身の成長に繋がることだと話していました。ですから、自分自身が何かのセミナーに参加するときも、なるべく手を挙げて発言するようにしていました。そうすることで、子どもたちの気持ちが分かります。大勢の前で手を挙げることは、やはり恥ずかしいし、「間違っていたらどうしよう」と思ってしまいます。どうしても、「私が言わなくても誰かが言ってくれればいい」と思ってしまいます。「手を挙げない子」の気持ちが味わえるのです。「手を挙げること、恥ずかしいって思うよね。なんならちょっと面倒だなって思うよね。でも、勇気を出して挙げてみると、実はたいしたことはなかったり、言えてスッキリしたり、とにかく自分の自信に繋がっていくよ!」こう言って励ますことができます。口先だけで言う、「発表したほうがいい」よりも、ずっとずっと説得力があるものです。

悪いと思ったらすぐに謝る

「時間を守ろう」と言っているにも関わらず、自分自身が時間を守れなかったときは、「すみません! 遅れました」潔く謝ります。私は、廊下を全速力で走っているところを、子どもに見られてしまったことがあります。それはもう、頭を下げて全力で謝りました。「注意する立場なのに、すみませんでした! 以後気をつけます!!」と。

大人の事情で言い訳をしようと思えばいくらでもできますが、そんなことは関係ありません。廊下を走っている子どもたちだってそれなりの言い訳をもっているものです。ちょっと強く言い過ぎちゃったかなと思ったときも、自分の指示の出し方がよくなくて、混乱させてしまったときも、とにかくまず謝ります。

「ごめん。強く言い過ぎたかもしれない」「今のは、先生が悪い！　ごめんね。もう一度説明させてください」

自分が悪いと思ったら、すぐに謝る。心を込めて謝る。素直に謝ることの大切さや気持ちよさを、自ら先生が示していくことも、信頼関係を築くことに繋がっていきます。

我以外皆師～常に子どもたちから学ぶ～

子どもたちの感性の豊かさ、本質を捉える鋭さは、本当に素晴らしいものです。私は、どうしたらいいかわからなくなったら、子どもたちにそのまま相談することにしていました。「最近、掃除をした後に用具が出しっぱなしになっていることが多いように思いますが、どうしたら改善されると思う？」というように。子どもたちが出してくれる様々なアイディアに、いつも助けてもらっていました。授業中に子どもたちから出てくる発想に、鳥肌が立つことは毎度のことで……子どもたちは、学ぶことの喜びを日々感じさせてくれます。「役に立ちたい」という貢献欲、仲間を大切に想って行動するエネルギー……。子どもたちの行動の源泉に触れるたび、感動することばかりです。

こんなことがありました。

「持久走記録会に向けて休み時間に校庭を3周走る」という目標を立てた子どもたちが、チャイムと同時に連れ立って教室を出て行った日のこと。しばらくして、様子を見ようと私が校庭に出てみると、なにやらボコッと固まって騒ぎながら走っている集団がいました。しかも、走っているんだか歩いているんだかわからないようなゆっくりしたペースで動いています。「そんな走り方じゃ練習にならないでしょ」そう思った私が、イライラしながら近づいていくと、こんな声が聞こえてきました。

「大丈夫だよーー! ほら! 手振って! 前向いて!」「行ける行ける!!」

中心にいたのは、持久走が大嫌いなD君。苦しそうですが、いつになく真剣な表情で懸命に走っていました。

子どもたちに聞いてみたところ、D君の周りを取り囲んでいたのは、もうすでに3周を走り終えた子たちで、苦手なことをがんばっているD君を応援したくなったのだということ。D君は、持久走記録会の日、昨年度の記録を1分半も縮める大健闘でゴールしました。

そんな子どもたちを見るたびに、彼らは何て愛おしい存在なんだと、胸を打たれます。私たち大人は、子どもたちから学ぶべきことが盛りだくさんです。

信頼されたければ、まず自分が相手を信頼すること。相手と対等な立場で物を見、行動することが大切です。「子どもたちが見ている世界」や「子どもたちのアイディア」に敬意を払い、学ばせていただく姿勢を忘れないことで、互いに協力し合い、信頼し合える関係を築いていくことができるのではないでしょうか。

石川先生の時間管理術

人は、なぜ勉強するのか?

「なぜ勉強しなければならないのか?」が、偶然わかった『3年B組金八先生』。

その場面とは、受験に悩む生徒たちに金八先生が語りかけるシーンでした。

《むかしむかし、海の近くに住んでいる1人の男が、奇妙な魚を食べた。

その男はその魚を食べて死んでしまった。その魚はフグだった。

周りの人たちは、そんな危ない魚を食べるからだ。馬鹿だな、と笑ったが、その男はただの馬鹿ではなかった。死ぬ間際「どうもあの目玉を食べたのが悪かった」と言い残して死んでいった。

そして、また違う男が同じようにフグを食べて死んだ。その男も死ぬ間際に「目玉も悪いけど皮も悪かったみたいだ」と言って死んだ。

次にまた別の男が、フグを食べて死んだ。そしてその男は「目玉も皮も悪いかもしれないが、骨も悪いみたいだ」と言って死んでいった。

そんな人たちのおかげで今、安心してフグを食べられるのだ。

文化とはそんなたくさんの人たちの行いの積み重ね。

だからこそ、今がある。ご先祖のおかげをもって、今、平和に生きている。
だから、私たちも次の世代に幸せになることを残さなければいけない》
小学6年生のときに、このシーンを見て
「あ〜、勉強をするって、こういうことだったんだ。次のまた次の世代である未来に、幸せになるものを残すために、より良い社会にするために、勉強ってするもんなんだな」と思ったのを覚えています。
それ以来、この世に何かを残せる人物になろう！　唯一無二の存在になろう！　と決めたのです。もう40年以上前の話。趣旨は覚えていましたが正確なセリフがわかりませんでした。誰か1人ぐらいはネットでアップしているかもと検索してみました。驚き、感動しました。多くの方々が、私と同じように、このシーンを覚えていて、感銘を受け、勉強する意味を知り、将来の針路を決め、ブログなどにアップしていたのです。今回、調べてわかったことですが、金八先生のセリフは、『小説家　坂口安吾《さかぐちあんご》の「文化とはふぐりである」』という話からの引用でした。
勉強する目的がわかれば、勉強が好きになってイヤイヤからワクワクへ変わる。その気持ちは、大人も子どもも同じです。

「5」異業界の価値観にふれてみる

みかん先生のポイント!
・子どもたちの視点を広げられる存在になる。
・学校関係ではない、学びの世界に飛び込んでみる。

子どもたちが将来生きていく未来はどんな世界でしょうか。もっとグローバルになって、様々な価値観が共存する世界になっているのではないでしょうか。

先生自身が今いる世界を飛び出して、関わったことがない世界に触れることで、これからを生きていく子どもたちの視点を広げる手助けをすることができます。何よりも、先生自身が「こうでなければいけない」から解放されて心が楽になることに繋がるのではないかと感じています。

全く知らない世界に飛び込んでみる

大人になると、自分のよく知っている世界の中で過ごしてしまいがちです。新しいことを始めるのは、なかなかエネルギーがいるものです。ですが、一歩踏み出して、全く知らない世界に飛び込んでみると、新しい発見がたくさんあります。

私は、5年ほど前に、フットサルを始めました。きっかけは、学校でサッカーやバスケットボールを指導するときにうまくいかなかったことで、自分自身が知らなければ伝えられないと感じたからでした。超初心者からのスタートです。パスを受けることもままならず、どちらに走っていいのかもわからずで、試合に出ればお邪魔虫。始めは毎回の練習が憂鬱でした（サッカーを嫌がる子の気持ちの深い理解には繋がりました）。そのうち、少しずつですがコツをつかみ、練習でよく会う人たちと仲良くなっていきました。大学在学中に起業して、フットサルコミュニティを立ち上げた8歳年下の女の子や、サッカーでバリバリ活躍してきて勉強がまるっきりダメな高校生、バイトしながらフットサルに命をかけるスイーツ男子……。今まで出会ったことがなかった経歴をもつ、楽しいメンバーと交わす会話は、私の世界を大きくひろげてくれました。

「学校の宿題？　そんなもん、やったことないっすよー!!」「小学生のころ、先生とめっちゃケンカしたわ！　だって、言ってることわけわかんないんだもん」

そんな仲間たちが、超初心者の私に、とっても優しくフットサルを教えてくれました。何度失敗しても、「大丈夫、大丈夫！」とフォローしてくれました。大人になって始めたフットサルが、学校教育で主軸となっている「勉強」の外側に広がる世界を、私に教えてくれたのです。

また、私は昨年（2020）、スター講師誕生という講師オーディションに出場しました。とても華やかな世界で、ビクビクしながらの参加でした。そのオーディションで審査員をされていたのが、此度、時間管理のコンサルタントとして執筆にご参加、ご協力いただいた石川和男先生です。すごい方たちの中で気後れしていた私に、石川先生は優しく声をかけてくださいました。この講師オーディションという全く知らない世界に参加したことで、本物の方たちが持つ、器のひろさや温かさにたくさん触れることができ、自分自身の視野が広がっていくのをここでも実感しました。

学校関係ではない学びの世界に飛び込んでみる

私は、平日夜や休日の時間をつかって、多くのセミナーや講座に参加してきました。そこで出会う方々の職種は様々です。経営者の社長、講師、バーのマスター、キャリアコンサルタント、Ｗｅｂデザイナー、ヨガインストラクター、コーチ、カウンセラー等々。さらにお話を聞くと、生きてきた人生も様々で、「どう生きたって、素敵なんだ」ということを、私に教えてくれました。また、「私の人生もなかなか素敵じゃないか」と思わせてくれました。

そして、**外の世界から学校がどう見えているのか**も、知ることができました。「教育をもっとよくしたい。何かできることはないだろうか」と考えて下さっている方がとにかく多く、学校教育というものを、客観的に、俯瞰的に見られるようになったのは、こうして出会った方々と共に学び、語り合うことができたからです。先生たちが問題だと感じていることを、外に向かってSOSを出すことで、解決へのスピードが加速するのではないかと感じることができました。

日本の外の世界に飛び出してみる

私は、海外に行くのがとても好きです。初めての海外旅行は、大学生のときに思い立って強行した、インド一人旅でした。いかに自分が狭い世界で生きていたのかを思い知らされた10日間。ガンジス河のほとりで、物乞いの女の子と対峙しながら、「私は今まで何を悩んできたのだろう……」と立ちすくんだ光景を、今でもはっきり覚えています。その後、どうしても日本人以外の人と会話できるようになりたいと留学を決意しました。イギリスで過ごした半年間で、衝撃だったのは、日本人だからこその特性に気づいたことです。「送っていこうか？」に対して、「いや、いいよ。申し訳ないから」と言うと、イギリス人の友だちによく笑われました。「出た！　日本人は、3回くらいはそう言うことになってるんでしょ？　あと2回誘えばいいんだよね」その国にはその国の当たり前があり、常識だと思っている事は、時と場で変わるのです。日本ほど安全で善意に溢れた国はありません。それと同様に、日本ほど「隣の人と同じこと」や「空気を読むこと」に敏感な国もないように思います。私は、英語の授業の最初に、いつもこう話していました。

「世界には70億人を超える人がいます。その中で日本語をわかってくれる人は、1億2000万人ほど。つまり日本語しか話さない場合、70分の1の人としか会話ができないことになってしまいます。英語は世界共通語です。英語を話せるようになれば、ぐーんと話せる人が増えるんです。世界には素敵な人がたくさんいるんだよ！　そして、英語は正確に話せなくても、大丈夫です。ジェスチャーでも結構伝わります。恥ずかしがっていたら勿体ないから体全体で、伝えたいことを表現する時間にしようね！」

ネットを通じて世界と繋がれる時代です。他国のことを知ることで、私たちが生まれた日本という国が、どんな特徴をもっているのか、日本は世界から見るとどんな国に見えるのかを俯瞰して見ることができます。

石川先生の
時間管理術

コンフォートゾーンを抜け出す方法！

「脳」は何を前提に、物事を考えていると思いますか？

実は、**「死なないこと」つまり、生命を維持することを前提にして、物事を考えている**と言われています。

たとえばダイエット。食事制限をしたり、ジョギングをし続け、予定通りに体重が減ってきた。しかし、1カ月目ぐらいに、「たまには良いかなぁ」と牛丼の大盛りを食べたり、食べ放題に行って満腹まで食べたり。順調にジョギングを続けていたのに、「今日は寒いから休むかなぁ」と言い訳を考えサボってしまうことがあります。

これはなぜかというと、脳が「今まではこの体重で生きてきたんだから、これ以上痩せたら体を壊すかもしれない……死ぬかもしれない」と勝手に考えて、ダイエットを阻止しようとしているらしいのです。

「現状を維持しよう」と考える脳の働きを心理学用語で、「現状維持バイアス」と言います。コンフォートゾーン（快適な空間）から抜け出すのは、このように難しいのです。

では、現状維持バイアスが働いたときは、どうすればいいか？

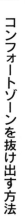

有効な手段が1つだけあります。

それは、**「とにかく1回だけでもやる」**という方法。

たとえば、ジョギングを毎日すると決めていた場合。順調に1週間続けて体重や体脂肪も減っていたのに、8日目に「今日は肌寒いしいいかな」と思ってしまったら。現状維持バイアスの発動です。

では、どうすれば、「現状維持バイアス」を打ち破れるのか?

答えは、とにかく、「走り出す」です。這ってでも玄関に行き、外に飛び出す! 一歩踏み出せば、自宅に戻る人はまずいません。いつものように走り続けます。

この「やりはじめるとヤル気がでてくる心理的作用」のことを「**作業興奮(心理学者のクレペリンが発見)**」と言います。

仕事でも、資格試験でも新しいことにチャレンジしていて、挫折しそうになったら、とにかく一歩でも動き出す!

現状維持バイアスを打破し、コンフォートゾーンを抜け出すには、手足を動かし、脳を興奮させる。**やる気があるから行動するのではなく、行動するからやる気がでるんです。**「作業興奮」を利用して、コンフォートゾーンを抜け出しましょう。

6 教師にしかできないこと

みかん先生のポイント！
・先生自身が、心から人生を楽しむ。
・先生自身が、心から人を信頼する。
・先生自身が、色んなことに挑戦する。
・先生自身が自分の時間を大切にする。

私が考える、先生に本当に必要なことは……。
日々学びを楽しみ、新しいことにどんどん挑戦して、自らの世界をひろげていく様を子どもたちに見せること！　です。

子どもたちにとって、先生は、親以外で日常的に会う大人としての大きな役割を担う存在です。つまり、子どもたちが将来を描く上でのロールモデルになるのです。

先生自身が、心から人生を楽しみ、「生きるってこんなに楽しいんだよ！」と伝えられる大人であることが、子どもたちが描く未来の希望へ繋がっていきます。

先生自身が、心から人を信頼し、「人と関わることの素晴らしさ」を伝えていくことが、子どもたちの未来をあたたかなものにしていきます。

先生自身が、様々なことに挑戦し、「いつからだって何だって始められるよ!」と伝えられる存在であることで、子どもたちのやる気を引き出していくことができるのです。だからこそ、**先生方が「自分のためにつかう時間」をつくりだし、大切にしていただきたい**のです。自分の知見をひろげるための学びにつかったり、映画を観に行ったり、普段会わないような人と会ってみたり、新しいことに挑戦してみたり……。早めに仕事を切り上げて、ワクワクすることに、ぜひ時間をつかってみてください。

その際には、ぜひ、ここまでお伝えしてきた先生の仕事の仕分け術を活用していただけたら幸いです。もしも、その元気が出てこないときには……子どもたちの前に立つ先生自身のエネルギーが、教室の空気をつくります。まずは自分を満たすために、自分にとって心地よいことに時間をつかい、心を満たすことを優先させてください。先生自身が自分にOKが出せていなかったり、自分の心が満たされていなかったりする状態で、子どもたちのために……と身を粉にして働いても、それは、自分を追い詰めることに繋がっていってしまいます。先生が疲れ切っていては、適切な指導はできません。

教室は、子どもたちにとって家庭に続く第2の居場所です。この居場所が心地よいものでなければ、先生も子どもたちも毎日が辛いですよね。子どもたちが安心して過ごせる場をつくり、信頼関係を築くことで、学校で過ごす毎日が、元気いっぱいやる気いっぱいの楽しい時間の積み重ねになります。

先生が自分自身にOKを出した分だけ、子どもたちも自分のことを好きになります。
先生が信じて任せた分だけ、子どもたちは成長します。
先生が人生を楽しんだ分だけ、子どもたちは輝きます。

まずは自分から。思いっきり人生を楽しんで生きる背中を、子どもたちに見せましょう。
そのために、先生は誰よりも自分のための時間を必要としているのではないでしょうか。

石川先生の
時間管理術

唯一無二の仕事とは……

東京の短期大学。前任者が急に退職したためにピンチヒッターとして、1カ月前まで女子高校生だった彼女たちの前で登壇することになりました。

女性だらけで講師仲間から羨ましがられましたが、現実は甘くない。「前任者が辞めてしまう」という騒ぎっぷり。飲んでる？　集会？　初売りの百貨店……？　そのような状態でした。

一人ひとりは良い子なんです（本当に）。でも、集団になると100倍の力を発揮する10代女子。注意してもうるさい学生たちに、何度も心が折れそうになりました。

しかし、ここで投げ出すワケにはいきません。紹介者の顔を潰すことにもなる。せっかくこの子たちと、縁あって知り合ったんだ。何かを伝えなければいけない。様々な思いで講義を続けることにしました。

杓子定規な講義を行っても聴いてくれない。そこで会計の話をするにも実学を織り交ぜて話すように切り替えました。「保証人と連帯保証人の違いって知ってる？」「そもそも保証人になってお金を返せなかったら、どうなるかわかる？」「お金を返さなくても、許される方法はわかる？」高校のときには知らなかったこと。大人が教えてくれなかった実学を織り交ぜながら講義を進めました。1人聴き、2人聴き、どんどん興味をもちスマホを置いて、顔を上げてくれる学生が増えていきました。

最終講義の日。何名かの生徒がお金を出し合ってお菓子や栄養ドリンクをくれました。合計しても千円未満（笑）。でも本当にお金がなくて、マックに行っても飲み物は水。コンビニのおにぎりは塩むすび。水筒持参で缶ジュースは飲まない。そんなことを知っていたので、なんだかジーンときました。

大人の千円と子供の千円の価値は違います。大人になれば1回の外食で払える金額です。ここでもらった千円分のプレゼントは十万円以上の価値がありました。

教えることは素晴らしいですよね!! 他界した父が言っていました。

「その人の未来を変える人になりなさい」

自分の知識を伝えることで、子どもたちの未来はつくられます。モノなら、渡せば手元から無くなります。しかし、伝えることは手元から無くなりません。無くならないばかりか、次から次へと増え続け、未来にまで引き継がれる。子どもたちの未来を変えられる力のある先生は、子どもにとって唯一無二の存在なのです。

おわりに――子どもだちと一緒に、ワクワクする未来を描く

6年生で、「未来年表」を書く授業をしたことがあります。「未来年表」とは、100歳までの自分の未来を「○歳の時に何をした、何があった」という風に自由に未来を描き、それを年表に表していくものです。子どもたちの夢が広がって、すごく楽しい時間になりました。逆に他のクラスからは「盛り上がりにかけた。最近の子は冷めてるのかしら」という話を聞き、どうして私のクラスは盛り上がったのだろう？　と不思議に思いました。もしかしたら、誰よりもワクワクして「未来年表」に取り組んでいたのは「私自身」だったからなのかもしれません。

「みんなはね、何にだってなれるんだよ！　先生だって、先生を続けているか、わからないなぁ。先生っていうお仕事は大好きだけど、何かにチャレンジしてるかもしれない。本

を出版しているかもしれない！　思い描いたら、何だってできる！　みんなは、諦めるには早すぎるでしょ。先生だってまだまだこれからなんだから。思いついたこと、やりたいと思ったこと、どんどん書いていこう！」

子どもたちの未来はどんどん膨らんで、私のクラスからは、総理大臣と、アメリカ大統領と、YouTuberと、サッカーの日本代表選手と、漫画家と……たくさんのスーパースターが生まれて——その未来にみんなでワクワクしました。


今、私は2年前に描いた夢の中に立っています。

「先生のための塾を開きたい」

「塾生になってくださった先生方を通して、もっとたくさんの子どもたちに関わっていきたい」

そして、もしも叶うのならば……

「本を出版して、先生たちがよりしあわせになるために貢献したい」

あの日、子どもたちと一緒に描いた未来年表に沿って、夢の実現はまだまだ続いていきます。

最後に、この本を出版するにあたりお世話になった方々に、この場を借りて感謝いたします。

私のコミュニケーションスキルの師である平本あきおさん、現場変革の仲間たち。本の出版を心から信じて応援し続けてくれた自己実現の師である下釜創《しもかまそう》さん、DoMaNNaKaスクールの仲間たち。今回のご縁をつないでいただき、快く共著を引き受けてくださり、いつも優しく楽しく励ましてくださった石川和男先生。右も左もわからない私の原稿を、心をこめて丁寧に担当してくださった学芸みらい社の川上涼子さん。本当にありがとうございます。

そして、どんな私も受け止めて、支えてくれる家族（夫と犬）。ありがとう。私の元気のもとです。

この本を読んでくださったあなたと、よりハッピーな未来に向かって一緒に進んでいけたら、こんなにしあわせなことはありません。最後までお読みいただき、ありがとうございました。

2021年 4月

梶谷希美

おわりに

最後までお読みいただき、ありがとうございます。
石川和男です。

私は「先生一家」の家庭に育ちました。
父と祖父の最終経歴は小学校校長。母は茶道の先生。祖母、姉2人は保育園の先生。
7人のうち6人が先生という肩書き。まさに先生一家でした。
小学生のころ固定電話に出ると「もしもし先生いますか?」と先方の第一声。
私は「自分以外全員先生なんだけどなぁ~」と思っていました。

大学に入り、教員免許の資格を履修しました。しかし、民間企業という未知の世界に興味を抱き、履修を途中でやめてしまいました。

親子三代教員になることを楽しみにしていた父。口には出しませんでしたが、勝手に履修をやめてしまったことを悲しんでいたと思います。

大学卒業後は、建設会社に就職。当時は終身雇用、年功序列の時代。転職など考えられない時代でした。私が民間企業に就職した時点で、教員の道は途絶えました。自分で選んだ道ですが、父に対して申し訳ないという気持ちだけは残っていました。


その後、人生を変えるために税理士になることを決意。勉強に専念するため30歳で会社を辞めて無職になりました。2年で貯金も底をつき、建設会社に再就職。働きながら10年で税理士試験に合格しました。その間に父が他界。

現在は、税理士、大学講師、専門学校講師、セミナー講師、著者と先生と呼ばれる肩書きを複数持っています。

「父さん、結局オレも父さんと同じ先生と呼ばれる職業に就いているよ！」

今さらながら「少しは親孝行ができたのかな」という気持ちと、「元気なうちに報告ができていたらな」という後悔が入り混じっています。

父が生前よく言っていました。

「物は人に渡すと相手の物になり、自分の手元から無くなってしまう。しかし、知識は人に教えても無くならない。教えることで自分の知識は定着し、相手の知識にもなる。無くなるどころか、増え続ける。これが教育だよ」

先生という職業は、本当に素晴らしい。そう感じる日々です。

編集者の川上涼子さんに「時間管理コンサルタント、そして民間企業に勤めている視点から、時間がなくて困っている先生の助けになる本を書いてください」と声をかけていただきました。

民間企業に入ることで、就職、転勤、出向、退職、無職、パート、転職、副業、独立と多くの経験をしてきました。その経験が、先生の時間管理に役立てられたら、教職の道を歩まず民間企業に入ったことにも意味が生まれます。川上さん、機会を与えていただき、本当にありがとうございます。

梶谷先生、元教員として実践していた時間管理術。学級経営コンサルタントとして日々研究し続けているノウハウ。この2つがなければ、実現しない企画でした。ありがとうございます。

そして、この本を読んでくださった先生。

自分の時間を取り戻し、子どもたちと向き合える時間が増える一冊になっていたら、嬉しいです。

2021年 4月

石川和男

著者略歴

梶谷希美（かじたに・のぞみ）
教員退職後、学級経営コンサルタントとして独立。「しあわせ先生塾」を主宰。教員独自の仕事仕分け術を駆使し、自走する学級経営マネジメントを実践。時間に追われている先生たちを救うべく、講演会や相談会を開催する等、活躍の幅を広げている。

石川和男（いしかわ・かずお）
平日は建設会社総務経理担当部長として勤務し、その他の時間を「大学講師」「時間管理コンサルタント」「セミナー講師」「税理士」と5つの仕事をこなす時間管理の専門家。自ら習得した「時間管理術」をベースに、建設会社ではプレイングマネジャー、コンサルタントでは時間管理をアドバイスし、税理士業務では多くの経営者と仕事をし、セミナーでは「生産性向上」や「残業ゼロ」の講師をすることで、残業しないための研究を日々続けている。

先生《せんせい》の時間《じかん》はどこへ消《き》えた？ ～仕事《しごと》の時短《じたん》仕分《しわ》け術《じゅつ》～

2021年5月5日　初版発行

著　者――――梶谷希美・石川和男

発行者――――小島直人

発行所――――株式会社 学芸みらい社

〒162-0833 東京都新宿区箪笥町31 箪笥町SKビル3F
電話番号 …… 03-5227-1266
FAX番号 …… 03-5227-1267
HP ………… https://www.gakugeimirai.jp/
E-mail …… info@gakugeimirai.jp

印刷所・製本所――シナノ印刷株式会社

デザイン――――WHITELINE GRAPHICS CO.

落丁・乱丁本は弊社宛お送りください。送料弊社負担でお取り替えいたします。
©Nozomi Kajitani & Kazuo Ishikawa 2021 Printed in Japan
ISBN 978-4-909783-74-5 C3037